Oldenbourg
Textausgaben

Oldenbourg
Textausgaben

Herausgegeben von
Klaus-Michael Bogdal
Clemens Kammler

Georg Büchner

Dantons Tod

Text, Kommentar und Materialien

Bearbeitet von Julia Kneher

Oldenbourg

Bibliografische Information der Deutschen Nationalbibliothek:
Die Deutsche Nationalbibliothek verzeichnet diese Publikation in der Deutschen Nationalbibliografie; detaillierte bibliografische Daten sind im Internet über http://dnb.ddb.de abrufbar.

Umschlagkonzept: Mendell & Oberer, München
Umschlaggestaltung: Erasmi + Stein, München
Umschlagbild: plainpicture/Westend61
Layoutentwurf: Almut Jegodtka
Lektorat: Miriam Heymann, Anna Steinbauer
Herstellung: Angelika Brandtner
Satz: fidus Publikations-Service GmbH, Nördlingen

www.oldenbourg-bsv.de

1. Auflage, 2. Druck 2014

Alle Drucke dieser Auflage sind inhaltlich unverändert und können im Unterricht nebeneinander verwendet werden.

Druck: Offizin Andersen Nexö Leipzig

ISBN 978-3-637-01530-2

Inhalt gedruckt auf säurefreiem Papier aus nachhaltiger Forstwirtschaft.

Inhalt

Hinweise zur Benutzung:
Kurze Worterklärungen befinden sich in der Randspalte direkt neben dem Haupttext, längere Wort- und Sacherklärungen ab S. 105 ff. Die Fundstellen werden stets nach Seite und Zeile angegeben (z. B. 19.20).

Zeittafel zu Leben und Werk von Georg Büchner

1813 17. Oktober: Carl Georg Büchner wird in Goddelau bei Darmstadt geboren

1816 Versetzung des Vaters als Medizinalrat nach Darmstadt und Übersiedlung der Familie dorthin

1819–1822 Elementarunterricht bei der Mutter

1822 Privatschulunterricht

1823 März: erster öffentlicher Auftritt (Vortrag in lateinischer Sprache)

1825–1831 Besuch des Darmstädter Gymnasiums, in dessen 2. Klasse er aufgenommen wird

1828 Frühjahr: Teilnahme an einem politisch-oppositionellen Schülerzirkel

1831 30. März: Büchners Rede zur Schlussfeier des Gymnasiums; 9. November: Beginn des Medizinstudiums an der Universität Straßburg

1832 Mai: Vortrag über deutsche politische Zustände und die Rohheit deutscher Studenten vor Mitgliedern der Studentenverbindung „Eugenia"

1833 Juli: Vogesenwanderung mit seinen Freunden, den Brüdern Stöber; Verlobung mit der Pfarrerstochter Wilhelmine Jaegelé

1834 Januar: Büchner nimmt in Gießen Verbindung mit Friedrich Ludwig Weidig auf, mit dem er die revolutionäre Flugschrift Der Hessische Landbote verfasst

1834 April: Gründung der Darmstädter „Gesellschaft für Menschenrechte"; Reise zu seiner Braut nach Straßburg
ab Juli: Verbreitung des Landboten
August: Verhaftung des Mitarbeiters Karl von Minnigerode und Beschlagnahmung des Landboten; Büchner verlässt Gießen und kehrt über Offenbach nach Darmstadt ins Elternhaus zurück

1835 Januar: Verhöre in Offenbach und Friedberg
März: Flucht nach Straßburg; Studium der vergleichenden Anatomie und Philosophie
ab Mitte Januar: Arbeit an der endgültigen Fassung von Dantons Tod.
23./24. Februar: Gutzkow erhält das Manuskript von Dantons Tod
26. März bis 7. April: Gutzkow veröffentlicht in der Zeitschrift *Phönix* einen gekürzten und mit verbindenden Zwischentexten versehenen Vorabdruck von Dantons Tod
ab Mai: Arbeit an der Erzählung Lenz
Juni: Büchner wird wegen „Teilnahme an staatsverräterischen Handlungen" steckbrieflich gesucht
Juli: Das Drama Dantons Tod erscheint in gekürzter Form

1836 Arbeit am Lustspiel Leonce und Lena als Beitrag zu einer Ausschreibung des Cotta-Verlags, dessen Abgabefrist Büchner nicht einhält; außerdem Arbeit am Dramenfragment Woyzeck
April und Mai: Vortrag seiner Abhandlung über das Nervensystem der Fische (Barben) vor der „Societé d'Histoire Naturelle" in Straßburg;
Sommer: Besuch von Mutter und Schwester;

September: Promotion zum Dr. phil. durch die philosophische Fakultät der Universität Zürich;
Oktober: Umzug nach Zürich;
November: Probevorlesung „Über Schädelnerven“

1837 2. Februar: plötzliche Erkrankung
14. Februar: Diagnose: Typhus; Büchners Zustand verschlechtert sich zusehends
17. Februar: Wilhelmine Jaegelé trifft in Zürich ein
19. Februar: Büchner stirbt
21. Februar: Beisetzung auf dem Zürcher Friedhof „Zum Krautgarten“

1875 Umbettung auf den „Germaniahügel“ („Rigiblick“)

Dantons Tod

Ein Drama

Vgl. Mat. 1, sowie Mat. 2 und 3 (zum politischen und sozialen Hintergrund des Vormärz)

Personen

Georg Danton
Legendre
Camille Desmoulins Seite 105
Herault-Séchelles
Lacroix
Philippeau
Fabre d'Eglantine
Mercier Seite 105
Thomas Payne
} *Deputierte* — Abgeordnete, Volksvertreter

Robespierre Seite 106
St. Just
Barrère
Collot d'Herbois Seite 105
Billaud Varennes Seite 106
} *Mitglieder des Wohlfahrtsausschusses*

Chaumette, Prokurator des Gemeinderats
Dillon, ein General — Funktionstitel
Fouquier Tinville, öffentlicher Ankläger

Herrmann
Dumas
} *Präsidenten des Revolutionstribunales* Seite 106

Paris, ein Freund Dantons
Simon, Souffleur
Laflotte
Julie, Dantons Gattin
Lucile Gattin des Camille Desmoulins Seite 106

Rosalie
Adelaide
Marion
} *Grisetten* Seite 107

Männer und Weiber aus dem Volk, Grisetten, Deputierte, *Henker e.c.t*

Erster Akt

Erste Szene

Hérault-Séchelles, einige Damen (am Spieltisch). Danton, Julie. (etwas weiter weg, Danton auf einem Schemel zu d. Füßen von Julie)

Danton Sieh die hübsche Dame, wie artig sie die Karten dreht! ja wahrhaftig sie versteht's, man sagt sie halte ihrem Manne immer das cœur und andern Leuten das carreau hin. Ihr könntet einen noch in die Lüge verliebt machen.

frz.: Herz

frz.: Karo; übertragene Bedeutung: weiblicher Schoß, vgl. zur Rezension Mat. 5, 6 und 7

Julie Glaubst du an mich?

Danton Was weiß ich? Wir wissen wenig voneinander. Wir sind Dickhäuter, wir strecken die Hände nacheinander aus aber es ist vergebliche Mühe, wir reiben nur das grobe Leder aneinander ab, – wir sind sehr einsam.

Julie Du kennst mich Danton.

Danton Ja, was man so kennen heißt. Du hast dunkle Augen und lockiges Haar und einen feinen Teint und sagst immer zu mir: lieb Georg. Aber *(er deutet ihr auf Stirn und Augen)* da da, was liegt hinter dem? Geh, wir haben grobe Sinne. Einander kennen? Wir müßten uns die Schädeldecken aufbrechen und die Gedanken einander aus den Hirnfasern zerren.

im Sinne von: „lass gut sein"

Gesinnung

Eine Dame Was haben Sie nur mit ihren Fingern vor?

Herault Nichts!

Dame Schlagen Sie den Daumen nicht so ein, es ist nicht zum Ansehn.

Herault Sehn Sie nur, das Ding hat eine ganz eigne Physiognomie.

Danton Nein Julie, ich liebe dich wie das Grab.

Julie *(sich abwendend)* oh!

Danton Nein, höre! Die Leute sagen im Grab sei Ruhe und Grab und Ruhe seien eins. Wenn das ist, lieg' ich in deinem Schoß schon unter der Erde. Du süßes Grab, deine Lippen sind Totenglocken, deine Stimme ist mein Grabgeläute, deine Brust mein Grabhügel und dein Herz mein Sarg.

Gegenüberstellung Leben + Tod

Dame Verloren!

Herault Das war ein verliebtes Abenteuer, es kostet Geld wie alle andern.

Dame Dann haben Sie Ihre Liebeserklärungen, wie ein Taubstummer, mit den Fingern gemacht.

Herault Ei warum nicht? Man will sogar behaupten gerade die würden am Leichtesten verstanden. Ich zettelte eine Liebschaft mit einer Kartenkönigin an, meine Finger waren in Spinnen verwandelte Prinzen, Sie Madame waren die Fee; aber es ging schlecht, die Dame lag immer in den Wochen, jeden Augenblick bekam sie einen Buben. Ich würde meine Tochter dergleichen nicht spielen lassen, die Herren und Damen fallen so unanständig übereinander und die Buben kommen gleich hinten nach.

(Camille Desmoulins und Philippeau treten ein)

Herault Philippeau, welch trübe Augen! Hast du dir ein Loch in die rote Mütze gerissen, hat der heilige Jakob ein böses Gesicht gemacht, hat es während des Guil-

im Sinne von: das kann man ja kaum mit ansehen

äußere Erscheinung

dasselbe

Liebesabenteuer, erotisches Abenteuer

kurz vor der Entbindung

Wortspiel: Spielkarte als zusätzliche Bedeutung

übereinander herfallen

Freiheitssymbol, Seite 107

vermutlich eine Anspielung auf den Jakobiner Robespierre

Seite 107

lotinierens geregnet oder hast du einen schlechten Platz bekommen und nichts sehen können?

Camille Du parodierst den Socrates. Weißt du auch, was der Göttliche den Alcibiades fragte, als er ihn eines Tages finster und niedergeschlagen fand? Hast du deinen Schild auf dem Schlachtfeld verloren, bist du im Wettlauf oder im Schwertkampf besiegt worden? Hat ein Andrer besser gesungen oder besser die Cither geschlagen? Welche klassischen Republikaner! Nimm einmal unsere Guillotinenromantik dagegen!

Philippeau Heute sind wieder zwanzig Opfer gefallen. Wir waren im Irrtum, man hat die Hebertisten nur auf's Schafott geschickt, weil sie nicht systematisch genug verfuhren, vielleicht auch weil die Decemvirn sich verloren glaubten wenn es nur eine Woche Männer gegeben hätte, die man mehr fürchtete, als sie.

Herault Sie möchten uns zu Antediluvianern machen. St. Just säh' es nicht ungern, wenn wir wieder auf allen Vieren kröchen, damit uns der Advokat von Arras nach der Mechanik des Genfer Uhrmachers Fallhütchen, Schulbänke und einen Herrgott erfände. *

Philippeau Sie würden sich nicht scheuen zu dem Behuf an Marats Rechnung noch einige Nulln zu hängen.

Wie lange sollen wir noch schmutzig und blutig sein wie neugeborne Kinder, Särge zur Wiege haben und mit Köpfen spielen? Wir müssen vorwärts. Der Gnadenausschuß muß durchgesetzt, die ausgestoßnen Deputierten müssen wieder aufgenommen werden.

Herault Die Revolution ist in das Stadium der Reorganisation gelangt.

Die Revolution muß aufhören und die Republik muß anfangen. In unsern Staatsgrundsätzen muß das

parodierst: verspottest
Socrates: Seite 107
Alcibiades: Seite 107
Cither: Zither, Zupfinstrument
Hebertisten: Seite 107
Schafott: Gerüst für Hinrichtungen
Decemvirn: zehnköpfige Kommission; hier: Mitglieder des Wohlfahrtsausschusses
Antediluvianern: vorsintflutliche Menschen
Advokat: Rechtsanwalt (Anspielung auf Robespierre)
Genfer Uhrmachers: Anspielung auf Rousseau (*1712, †1778), der Schweizer Philosoph, Pädagoge und Sohn eines Uhrmachers war
Fallhütchen: Kopfbedeckung zum Schutz von Kindern
noch einige Nulln zu hängen: Seite 107

* Robespierre will Erziehen ~~wie~~ Kinder

Recht an die Stelle der Pflicht, das Wohlbefinden an die der Tugend und die Notwehr an die der Strafe treten. Jeder muß sich geltend machen und seine Natur durchsetzen können. Er mag nun vernünftig oder unvernünftig, gebildet oder ungebildet, gut oder böse sein, das geht den Staat nichts an. Wir Alle sind Narren es hat Keiner das Recht einem Andern seine eigentümliche Narrheit aufzudringen.
Jeder muß in seiner Art genießen können, jedoch so, daß Keiner auf Unkosten eines Andern genießen oder ihn in seinem eigentümlichen Genuß stören darf.

aufzudringen: aufzudrängen

Camille Die Staatsform muß ein durchsichtiges Gewand sein, das sich dicht an den Leib des Volkes schmiegt. Jedes Schwellen der Adern, jedes Spannen der Muskeln, jedes Zucken der Sehnen muß sich darin abdrücken. Die Gestalt mag nun schön oder häßlich sein, sie hat einmal das Recht zu sein wie sie ist, wir sind nicht berechtigt ihr ein Röcklein nach Belieben zuzuschneiden. Wir werden den Leuten, welche über die nackten Schultern der allerliebsten Sünderin Frankreich den Nonnenschleier werfen wollen, auf die Finger schlagen.
Wir wollen nackte Götter, Bacchantinnen, olympische Spiele, und melodische Lippen: ach, die gliederlösende, böse Liebe!
Wir wollen den Römern nicht verwehren sich in die Ecke zu setzen und Rüben zu kochen aber sie sollen uns keine Gladiatorspiele mehr geben wollen.
Der göttliche Epicur und die Venus mit dem schönen Hintern müssen statt der Heiligen Marat und Chalier die Türsteher der Republik werden.
Danton du wirst den Angriff im Konvent machen.

ein Röcklein nach Belieben zuzuschneiden: sie in eine vorgegebene Form zu pressen

Nonnenschleier: Zeichen der Unschuld

Bacchantinnen: Begleiterinnen des röm. Weingottes Bacchus

gliederlösende: zügellose

Römern: Seite 107

Venus: röm. Göttin der Liebe und der Schönheit

Epicur: Seite 107

Marat, Chalier: Seite 108

Konvent: gemeint ist der Nationalkonvent; vgl. Mat. 1

Danton Ich werde, du wirst, er wird. Wenn wir bis

dahin noch leben, sagen die alten Weiber. Nach einer Stunde werden 60 Minuten verflossen sein. Nicht wahr mein Junge?

Camille Was soll das hier? das versteht sich von selbst.

Danton Oh, es versteht sich Alles von selbst. Wer soll denn all die schönen Dinge ins Werk setzen?

Philippeau Wir und die ehrlichen Leute.

Taufpate sein

Danton Das und dazwischen ist ein langes Wort, es hält uns ein wenig weit auseinander, die Strecke ist lang, die Ehrlichkeit verliert den Atem eh wir zusammen kommen. Und wenn auch! – den ehrlichen Leuten kann man Geld leihen, man kann bei ihnen Gevatter stehn und seine Töchter an sie verheiraten, aber das ist Alles!

Camille Wenn du das weißt, warum hast du den Kampf begonnen?

Seite 108

Danton Die Leute waren mir zuwider. Ich konnte dergleichen gespreizte Katonen nie ansehn, ohne ihnen einen Tritt zu geben. Mein Naturell ist einmal so. *(er erhebt sich)*

Julie Du gehst?

zermürben, aufzehren

Danton *(zu Julie)* Ich muß fort, sie reiben mich mit ihrer Politik noch auf.
(im Hinausgehn)
Zwischen Tür und Angel will ich euch prophezeien: die Statue der Freiheit ist noch nicht gegossen, der Ofen glüht, wir Alle können uns noch die Finger dabei verbrennen.
(ab)

Camille Laßt ihn, glaubt ihr er könne die Finger davon lassen, wenn es zum Handeln kömmt?

Herault Ja, aber bloß zum Zeitvertreib, wie man Schach spielt.

Zweite Szene

Eine Gasse

Simon, sein Weib.

Simon *(schlägt das Weib)* Du Kuppelpelz, du runzliche Sublimatpille, du wurmstichischer Sündenapfel!

Kupplerin

Quecksilberchlorid, diente als Medikament gegen Syphilis

Weib He Hülfe! Hülfe!

(*Es kommen LEUTE gelaufen:* reißt sie auseinander! Reißt sie auseinander!)

Simon Nein, laßt mich Römer, zerschellen will ich dies Geripp! Du Vestalin!

keusche Priesterin der römischen Göttin Vesta

Weib Ich eine Vestalin? das will ich sehen, ich.

Simon So reiß ich von den Schultern dein Gewand
Nackt in die Sonne schleudr' ich dann dein Aas.
Du Hurenbett, in jeder Runzel deines Leibes nistet Unzucht.

(sie werden getrennt.)

1. Bürger Was gibt's?

Simon Wo ist die Jungfrau? sprich! Nein, so kann ich nicht sagen. Das Mädchen! nein auch das nicht; die Frau, das Weib! auch das, auch das nicht! nur noch ein Name! oh der erstickt mich! Ich habe keinen Atem dafür.

2. Bürger Das ist gut sonst würde der Name nach Schnaps riechen.

Simon Alter Virginius verhülle dein kahl Haupt. Der Rabe Schande sitzt darauf und hackt nach deinen Augen. Gebt mir ein Messer, Römer! *(er sinkt um)*

Seite 108

Weib Ach, er ist sonst ein braver Mann, er kann nur nicht viel vertragen, der Schnaps stellt ihm gleich ein Bein.

2. Bürger Dann geht er mit dreien.

Weib Nein, er fällt.

2. Bürger Richtig, erst geht er mit dreien und dann fällt er auf das dritte, bis das dritte selbst wieder fällt.

Simon Du bist die Vampyrzunge die mein wärmstes Herzblut trinkt.

Weib Laßt ihn nur, das ist so die Zeit, worin er immer gerührt wird, es wird sich schon geben.

1. Bürger Was gibt's denn?

Weib Seht ihr, ich saß da so auf dem Stein in der Sonne und wärmte mich seht ihr, denn wir haben kein Holz, seht ihr –

2. Bürger So nimm deines Mannes Nase.

Weib Und meine Tochter war da hinunter gegangen um die Ecke, sie ist ein braves Mädchen und ernährt ihre Eltern.

Simon Ha sie bekennt!

Weib Du Judas, hättest du nur ein Paar Hosen hinaufzuziehen, wenn die jungen Herren die Hosen nicht bei ihr herunterließen? Du Branntweinfaß, willst du verdursten, wenn das Brünnlein zu laufen aufhörte, he? Wir arbeiten mit allen Gliedern warum denn nicht auch damit; ihre Mutter hat damit geschafft wie sie zur Welt kam und es hat ihr weh getan, kann sie für ihre Mutter nicht auch damit schaffen, he? und tut's ihr auch weh dabei, he? Du Dummkopf!

Seite 108
Seite 108

Simon Ha Lucrecia! ein Messer, gebt mir ein Messer, Römer! Ha Appius Claudius!

im Sinne von: Ihr Hunger treibt sie zu Prostitution und Betteln.

Zeichen des Hungers

1. Bürger Ja ein Messer, aber nicht für die arme Hure, was tat sie? Nichts! Ihr Hunger hurt und bettelt. Ein Messer für die Leute, die das Fleisch unserer Weiber und Töchter kaufen! Weh über die, so mit den Töchtern des Volkes huren! Ihr habt Kollern im

Leib und sie haben Magendrücken, ihr habt Löcher in den Jacken und sie haben warme Röcke, ihr habt Schwielen in den Fäusten und sie haben Samthände. Ergo ihr arbeitet und sie tun nichts, ergo ihr habt's erworben und sie haben's gestohlen; ergo, wenn ihr von eurem gestohlnen Eigentum ein paar Heller wieder haben wollt, müßt ihr huren und bettlen; ergo sie sind Spitzbuben und man muß sie totschlagen.

Zeichen des Wohlstands

also

Geldstücke

3. Bürger Sie haben kein Blut in den Adern, als was sie uns ausgesaugt haben. Sie haben uns gesagt: schlagt die Aristokraten tot, das sind Wölfe! Wir haben die Aristokraten an die Laternen gehängt. Sie haben gesagt das Veto frißt euer Brot, wir haben das Veto totgeschlagen. Sie haben gesagt die Girondisten hungern euch aus, wir haben die Girondisten guillotiniert. Aber sie haben die Toten ausgezogen und wir laufen wie zuvor auf nackten Beinen und frieren. Wir wollen ihnen die Haut von den Schenkeln ziehen und uns Hosen daraus machen, wir wollen ihnen das Fett auslassen und unsere Suppen mit schmelzen. Fort! Totgeschlagen, wer kein Loch im Rock hat!

adlige Oberschicht in politischer Leitungsfunktion

Einspruch, steht hier für den König

Seite 108

1. Bürger Totgeschlagen, wer lesen und schreiben kann!

2. Bürger Totgeschlagen, wer auswärts geht!

(Alle schreien: totgeschlage, totgeschlage!
Einige schleppen einen jungen Menschen herbei)

Einige Stimmen Er hat ein Schnupftuch! ein Aristokrat! an die Laterne! an d. Late!

2. Bürger Was? er schneuzt sich die Nase nicht mit den Fingern? An die Laterne! *(Eine Laterne wird herunter gelassen.)*

Ju(n)g(er) Mensch Ach meine Herren!

2. Bürger Es gibt hier keine Herren! An die Laterne!

Einige *singen:* Die da liegen in der Erden,

Von de Würm gefresse werden.
Besser hangen in der Luft,
Als verfaulen in der Gruft!

Ju(n)ge(r) Mensch Erbarmen!

Schlinge am Galgen

3. Bürger Nur ein Spielen mit einer Hanflocke um den Hals! S'ist nur ein Augenblick, wir sind barmherziger als ihr. Unser Leben ist der Mord durch Arbeit, wir hängen 60 Jahre lang am Strick und zapplen, aber wir werden uns losschneiden. An die Laterne!

Ju(n)ge(r) Mensch Meinetwegen, ihr werdet deswegen nicht heller sehen!

Die Umstehenden Bravo, bravo!

Einige Stimmen laßt ihn laufen!

(er entwischt.)

Revolutionäre, die nicht die beim Adel üblichen Kniehosen trugen

Robespierre, tritt auf, begleitet von Weibern und Ohnehosen.

Robesp. Was gibt's da Bürger?

Seite 108

3. Bürger Was wird's geben? Die paar Tropfen Bluts vom August und September haben dem Volk die Backen nicht rot gemacht. Die Guillotine ist zu langsam. Wir brauchen einen Platzregen.

1. Bürger Unsere Weiber und Kinder schreien nach Brod, wir wollen sie mit Aristokratenfleisch füttern. Heh! Totgeschlagen wer kein Loch im Rock hat.

Alle totgeschlagen! totgeschlagen!

Robesp. Im Namen des Gesetzes (!)

1. Bürger Was ist das Gesetz?

Robesp. Der Wille des Volks.

1. Bürger Wir sind das Volk und wir wollen, daß kein Gesetz sei, ergo ist dieser Wille das Gesetz, ergo im Namen des Gesetzes gibts kein Gesetz mehr, ergo totgeschlagen!

Einige Stimmen Hört den Aristides, hört den Unbestechlichen!

Seite 108

Ein Weib Hört den Messias, der gesandt ist zu wählen und zu richten; er wird die Bösen mit der Schärfe des Schwertes schlagen. Seine Augen sind die Augen der Wahl und seine Hände sind die Hände des Gerichts!

hebr.: Gesalbter, hier: Erlöser

Robesp. Armes, tugendhaftes Volk! Du tust deine Pflicht, du opferst deine Feinde. Volk du bist groß. Du offenbarst dich unter Blitzstrahlen und Donnerschlägen. Aber Volk deine Streiche dürfen deinen eignen Leib nicht verwunden, du mordest dich selbst in deinem Grimm. Du kannst nur durch deine eigne Kraft fallen. Das wissen deine Feinde. Deine Gesetzgeber wachen, sie werden deine Hände führen, ihre Augen sind untrügbar, deine Hände sind unentrinnbar. Kommt mit zu den Jakobinern. Eure Brüder werden euch ihre Arme öffnen, wir werden ein Blutgericht über unsere Feinde halten.

Viele Stimmen Zu den Jakobinern! Es lebe Robespierre! *(alle ab)*

Seite 108

Simon Weh mir, verlassen! *(er versucht sich aufzurichten.)*

S(ein) Weib Da! *(sie unterstützt ihn)*

Simon Ach meine Baucis, du sammelst Kohlen auf mein Haupt.

Seite 108

Weib Da steh!

Simon Du wendest dich ab? Ha, kannst du mir vergeben, Porcia? Schlug ich dich? Das war nicht meine Hand, war nicht mein Arm, mein Wahnsinn tat es.
Sein Wahnsinn ist des armen Hamlet Feind
Hamlet tat's nicht, Hamlet verläugnet's.
Wo ist unsre Tochter, wo ist mein Sannchen?

treue Ehefrau des Brutus und überzeugte Republikanerin, die 43 v. Chr. Selbstmord beging

Seite 108

Weib Dort um das Eck herum.

Simon Fort zu ihr, komm mein tugendreich Gemahl. *(Beide ab)*

Dritte Szene

Versammlungsort der Jakobiner: Kloster des Hl. Jakob

Der Jakobinerklub

Seite 109
Seite 109
Seite 108

Girondisten

Seite 109

31. Mai 1793: Aufstand der Girondisten im Konvent endet in Verhaftungswelle.

ein Mensch, der sein Vaterland liebt

Seite 109

Ein Lyoner Die Brüder von Lyon senden uns um in eure Brust ihren bittern Unmut auszuschütten. Wir wissen nicht ob der Karren, auf dem Ronsin zur Guillotine fuhr, der Totenwagen der Freiheit war, aber wir wissen, daß seit jenem Tage die Mörder Chaliers wieder so fest auf den Boden treten, als ob es kein Grab für sie gäbe. Habt Ihr vergessen, daß Lyon ein Flecken auf dem Boden Frankreichs ist, den man mit den Gebeinen der Verräter zudecken muß? Habt Ihr vergessen, daß diese Hure der Könige ihren Aussatz nur in dem Wasser der Rhone abwaschen kann? Habt Ihr vergessen, daß dieser revolutionäre Strom die Flotten Pitts im Mittelmeere auf den Leichen der Aristokraten muß stranden machen? Eure Barmherzigkeit mordet die Revolution. Der Atemzug eines Aristokraten ist das Röcheln der Freiheit. Nur ein Feigling stirbt für die Republik, ein Jakobiner tötet für sie. Wißt, finden wir in Euch nicht mehr die Spannkraft der Männer des zehnten August, des September und des 31. Mai, so bleibt uns, wie dem Patrioten Gaillard nur der Dolch des Cato. *(Beifall und verwirrtes Geschrei)*

Seite 109

Ein Jakobiner Wir werden den Becher des Socrates mit Euch trinken!

Legendre *(schwingt sich auf die Tribüne.)* Wir haben nicht nötig unsere Blicke auf Lyon zu werfen. Die

Leute, die seidne Kleider tragen, die in Kutschen fahren, die in den Logen im Theater sitzen und nach dem Dictionnär der Akademie sprechen, tragen seit einigen Tagen die Köpfe fest auf den Schultern. Sie sind witzig und sagen man müsse Marat und Chalier zu einem doppelten Märtyrertum verhelfen und sie in effigie guillotinieren. *(heftige Bewegung in der Versammlung)*

Dictionnär der Akademie: Wörterbuch der frz. Hochsprache
witzig: gewitzt
in effigie: symbolisch

Einige Stimmen Das sind tote Leute. Ihre Zunge guillotiniert sie.

Legendre Das Blut dieser Heiligen komme über sie. Ich frage die anwesenden Mitglieder des Wohlfahrtsausschusses, seit wann ihre Ohren so taub geworden sind –

Collot D'Herbois. *(unterbricht ihn)* Und ich frage Dich Legendre, wessen Stimme solchen Gedanken Atem gibt, daß sie lebendig werden und zu sprechen wagen? Es ist Zeit die Masken abzureißen. Hört! die Ursache verklagt ihre Wirkung, der Ruf sein Echo, der Grund seine Folge. Der Wohlfahrtsausschuß versteht mehr Logik, Legendre! Sei ruhig. Die Büsten der Heiligen werden unberührt bleiben, sie werden wie Medusenhäupter die Verräter in Stein verwandlen.

Büsten: plastische Darstellung des menschlichen Kopfes
Medusenhäupter: Medusa: Figur aus der griech. Mythologie, deren Blick Menschen versteinerte

Robespierre Ich verlange das Wort.

Die Jakobiner Hört, hört den Unbestechlichen!

Robespierre Wir warteten nur auf den Schrei des Unwillens, der von allen Seiten ertönt, um zu sprechen. Unsere Augen waren offen, wir sahen den Feind sich rüsten und sich erheben, aber wir haben das Lärmzeichen nicht gegeben, wir ließen das Volk sich selbst bewachen, es hat nicht geschlafen, es hat an die Waffen geschlagen. Wir ließen den Feind aus seinem Hinterhalt hervorbrechen, wir ließen ihn

Gegenrevolution-äre Österreicher

anrücken, jetzt steht er frei und ungedeckt in der Helle des Tages, jeder Streich wird ihn treffen, er ist tot, sobald ihr ihn erblickt habt.

Ich habe es Euch schon einmal gesagt in zwei Abteilungen, wie in 2 Heereshaufen sind die inneren Feinde der Republik zerfallen. Unter Bannern von verschiedener Farbe und auf den verschiedensten Wegen eilen sie alle dem nämlichen Ziele zu. Die eine dieser Faktionen ist nicht mehr. In ihrem affektierten Wahnsinn suchte sie die erprobtesten Patrioten als abgenutzte Schwächlinge bei Seite zu werfen um die Republik ihrer kräftigsten Arme zu berauben. Sie erklärte der Gottheit und dem Eigentum den Krieg um eine Diversion zu Gunsten der Könige zu machen. Sie parodierte das erhabne Drama der Revolution um dieselbe durch studierte Ausschweifungen bloß zu stellen. Heberts Triumph hätte die Republik in ein Chaos verwandelt und der Despotismus war befriedigt. Das Schwert des Gesetzes hat den Verräter getroffen. Aber was liegt den Fremden daran, wenn ihnen Verbrecher einer anderen Gattung zur Erreichung des nämlichen Zwecks bleiben? Wir haben nichts getan, wenn wir noch eine andere Faktion zu vernichten haben.

Sie ist das Gegenteil der vorhergehenden. Sie treibt uns zur Schwäche, ihr Feldgeschrei heißt: Erbarmen! Sie will dem Volk seine Waffen und die Kraft, welche die Waffen führt, entreißen um es nackt und entnervt den Königen zu überantworten.

Die Waffe der Republik ist der Schrecken, die Kraft der Republik ist die Tugend. Die Tugend, weil ohne sie der Schrecken verderblich, der Schrecken, weil ohne ihn die Tugend ohnmächtig ist. Der Schrecken

ungedeckt: schutzlos
Faktionen: Fraktionen, politische Gruppe
affektierten: gekünstelten
Diversion: Ablenkungsmanöver
Despotismus: Gewaltherrschaft

ist ein Ausfluß der Tugend, er ist nichts anders als die schnelle, strenge und unbeugsame Gerechtigkeit. Sie sagen der Schrecken sei die Waffe einer despotischen Regierung, die unsrige gliche also dem Despotismus. Freilich, aber so wie das Schwert in den Händen eines Freiheitshelden dem Säbel gleicht, womit der Satellit der Tyrannen bewaffnet ist. Regiere der Despot seine tierähnlichen Untertanen durch den Schrecken, er hat Recht als Despot, zerschmettert durch den Schrecken die Feinde der Freiheit und ihr habt als Stifter der Republik nicht minder Recht. Die Revolutionsregierung ist der Despotismus der Freiheit gegen die Tyrannei.

Satellit der Tyrannen: hier: Gefolgsmann der Alleinherrscher

Stifter: Urheber

Erbarmen mit den Royalisten! Rufen gewisse Leute. Erbarmen mit Bösewichtern? Nein! Erbarmen für die Unschuld, Erbarmen für die Schwäche, Erbarmen für die Unglücklichen, Erbarmen für die Menschheit. Nur dem friedlichen Bürger gebührt von Seiten der Gesellschaft Schutz. In einer Republik sind nur Republikaner Bürger, Royalisten und Fremde sind Feinde. Die Unterdrücker der Menschheit bestrafen ist Gnade, ihnen verzeihen ist Barbarei. Alle Zeichen einer falschen Empfindsamkeit, scheinen mir Seufzer, welche nach England oder nach Östreich fliegen. Aber nicht zufrieden den Arm des Volks zu entwaffnen, sucht man noch die heiligsten Quellen seiner Kraft durch das Laster zu vergiften. Dies ist der feinste, gefährlichste und abscheulichste Angriff auf die Freiheit. Das Laster ist das Kainszeichen des Aristokratismus. In einer Republik ist es nicht nur ein moralisches sondern auch ein politisches Verbrechen; der Lasterhafte ist der politische Feind der Freiheit, er ist ihr um so gefährlicher je größer die Dienste

Royalisten: Anhänger der Monarchie

Barbarei: Grausamkeit, Unzivilisiertheit

Kainszeichen: hier: Zeichen des Bösen

Aristokratismus: Adelsherrschafft

sind, die er ihr scheinbar erwiesen. Der gefährlichste Bürger ist derjenige, welcher leichter ein Dutzend rote Mützen verbraucht, als eine gute Handlung vollbringt.

Ihr werdet mich leicht verstehen, wenn ihr an Leute denkt, welche sonst in Dachstuben lebten und jetzt in Karossen fahren und mit ehemaligen Marquisinnen und Baronessen Unzucht treiben. Wir dürfen wohl fragen ist das Volk geplündert oder sind die Goldhände der Könige gedrückt worden, wenn wir Gesetzgeber des Volks mit allen Lastern und allem Luxus der ehemaligen Höflinge Parade machen, wenn wir diese Marquis und Grafen der Revolution reiche Weiber heiraten, üppige Gastmähler geben, spielen, Diener halten und kostbare Kleider tragen sehen. Wir dürfen wohl staunen, wenn wir sie Einfälle haben, schöngeistern und so etwas vom guten Ton bekommen hören. Man hat vor Kurzem auf eine unverschämte Weise den Tacitus parodiert, ich könnte mit dem Sallust antworten und den Catilina travestieren; doch ich denke, ich habe keine Striche mehr nötig, die Portraits sind fertig.

Keinen Vertrag, keinen Waffenstillstand mit den Menschen welche nur auf Ausplündrung des Volkes bedacht waren, welche diese Ausplündrung ungestraft zu vollbringen hofften, für welche die Republik eine Spekulation und die Revolution ein Handwerk war. In Schrecken gesetzt durch den reißenden Strom der Beispiele suchen sie ganz leise die Gerechtigkeit abzukühlen. Man sollte glauben, jeder sage zu sich selbst: wir sind nicht tugendhaft genug um so schrecklich zu sein. Philosophische Gesetzgeber erbarmt Euch unsrer Schwäche, ich wage Euch nicht zu sagen, daß

Seite 107

pompöse Kutschen

weibliche frz. Adelstitel

etw. zur Schau stellen

sich mit den schönen Künsten beschäftigen (hier negativ gemeint)

röm. Geschichtsschreiber (um 55 bis ca. 116 n. Chr.)

Seite 109

hier: verspotten

wirtschaftliches Handeln in Abhängigkeit einer Preisentwicklung

ich lasterhaft bin, ich sage Euch also lieber, seid nicht grausam!
Beruhige dich tugendhaftes Volk, beruhigt Euch Ihr Patrioten, sagt Euern Brüdern zu Lyon, das Schwert des Gesetzes roste nicht in den Händen, denen Ihr es anvertraut habt. – Wir werden der Republik ein großes Beispiel geben…
(*Allgemein Beifall*, **Viele Stimmen:** Es lebe d. Republik, es lebe Rob.)

vgl. Mat. 8 (Theaterkritik)

Präsident Die Sitzung ist aufgehoben.

Vierte Szene

Eine Gasse

Lacroix. Legendre.

Lacroix Was hast du gemacht Legendre, weißt du auch, wem du mit deinen Büsten den Kopf herunter wirfst?

Legendre Einigen Stutzern und eleganten Weibern, das ist Alles.

Stutzern: spöttische Bezeichnung für einen modisch gekleideten Mann

Lacroix Du bist ein Selbstmörder, ein Schatten, der sein Original und somit sich selbst ermordet.

Legendre Ich begreife nicht.

Lacroix Ich dächte Collot hätte deutlich gesprochen.

Legendre Was macht das? er war wieder betrunken.

Lacroix Narren, Kinder und – nun? – Betrunkne sagen die Wahrheit. Wen glaubst du denn, daß Robespierre mit dem Catilina gemeint habe?

Legendre Nun?

Lacroix Die Sache ist einfach man hat die Atheisten und Ultrarevolutionärs aufs Schafott geschickt; aber dem Volk ist nicht geholfen es läuft noch barfuß

Atheisten: Menschen, die die Existenz Gottes verneinen

Ultrarevolutionärs: die extremsten Revolutionäre

in den Gassen und will sich aus Aristokratenleder Schuhe machen. Der Guillotinenthermometer darf nicht fallen, noch einige Grade und der Wohlfahrtsausschuß kann sich sein Bett auf dem Revolutionsplatz suchen.

> Guillotinenthermometer: Stand der durch die Guillotine Hingerichteten

Legendre Was haben damit meine Büsten zu schaffen?

Lacroix Siehst du's noch nicht? Du hast die Contrerevolution offiziell bekannt gemacht, du hast die Decemvirn zur Energie gezwungen, du hast ihnen die Hand geführt. Das Volk ist ein Minotaurus, der wöchentlich seine Leichen haben muß, wenn er sie nicht auffressen soll.

> Contrerevolution: Gegenrevolution
> Decemvirn: Seite 14
> Minotaurus: Gestalt der griech. Mythologie, die von Menschenopfern lebt

Legendre Wo ist Danton?

Lacroix Was weiß ich? Er sucht eben die mediceische Venus stückweise bei allen Grisetten des palais royal zusammen, er macht Mosaik, wie er sagt; der Himmel weiß bei welchem Glied er gerade ist. Es ist ein Jammer, daß die Natur die Schönheit, wie Medea ihren Bruder, zerstückelt und sie so in Fragmenten in die Körper gesenkt hat.
Gehen wir in's palais royal. *(Beide ab).*

> mediceische Venus: Abbild einer griech. Aphroditestatue
> palais royal: beliebter Aufenthaltsort und Vergnügungsstätte neben dem Louvre
> Medea: Seite 109
> Fragmenten: Einzelteile

Fünfte Szene

Ein Zimmer

Danton. Marion.

Marion Nein, laß mich! So zu deinen Füßen. Ich will dir erzählen.

Danton Du könntest deine Lippen besser gebrauchen.

Marion Nein laß mich einmal so. Meine Mutter war eine kluge Frau, sie sagte mir immer die Keuschheit sei eine schöne Tugend, wenn Leute in's Haus kamen und von manchen Dingen zu sprechen anfingen, hieß sie mich aus dem Zimmer gehen; frug ich was die Leute gewollt hätten so sagte sie mir ich solle mich schämen; gab sie mir ein Buch zu lesen so mußt ich fast immer einige Seiten überschlagen. Aber die Bibel las ich nach Belieben, da war Alles heilig, aber es war etwas darin, was ich nicht begriff, ich mochte auch niemand fragen; ich brütete über mir selbst. Da kam der Frühling, es ging überall etwas um mich vor, woran ich keinen Teil hatte. Ich geriet in eine eigne Atmosphäre, sie erstickte mich fast, ich betrachtete meine Glieder, es war mir manchmal, als wäre ich doppelt und verschmölze dann wieder in Eins. Ein junger Mensch kam zu der Zeit in's Haus, er war hübsch und sprach oft tolles Zeug, ich wußte nicht recht, was er wollte, aber ich mußte lachen. Meine Mutter hieß ihn öfters kommen, das war uns Beiden recht. Endlich sahen wir nicht ein, warum wir nicht eben so gut zwischen zwei Bettüchern bei einander liegen, als auf zwei Stühlen neben einander sitzen durften. Ich fand dabei mehr Vergnügen, als bei seiner Unterhaltung und sah nicht ab, warum man mir das geringere gewähren und das größere entziehen wollte. Wir taten's heimlich. Das ging so fort. Aber ich wurde wie ein Meer, was Alles verschlang und sich tiefer und tiefer wühlte. Es war für mich nur ein Gegensatz da, alle Männer verschmolzen in einen Leib. Meine Natur war einmal so, wer kann da drüber hinaus? Endlich merkt er's. Er kam eines Morgens und küßte mich, als wollte er mich ersticken, seine Arme schnürten sich um meinen Hals, ich war in unsäglicher Angst. Da ließ er mich los und lachte und

brütete: angestrengt nachdenken

Atmosphäre: Stimmung

Endlich: am Ende

sah nicht ab: sah nicht ein

sagte: er hätte fast einen dummen Streich gemacht, ich solle mein Kleid nur behalten und es brauchen, es würde sich schon von selbst abtragen, er wolle mir den Spaß nicht vor der Zeit verderben, es wär doch das Einzige, was ich hätte. Dann ging er, ich wußte wieder nicht was er wollte. Den Abend saß ich am Fenster, ich bin sehr reizbar und hänge mit Allem um mich nur durch eine Empfindung zusammen, ich versank in die Wellen der Abendröte. Da kam ein Haufe die Straße herab, die Kinder liefen voraus, die Weiber sahen aus den Fenstern. Ich sah hinunter sie trugen ihn in einem Korb vorbei, der Mond schien auf seine bleiche Stirn, seine Locken waren feucht, er hatte sich ersäuft. Ich mußte weinen. Das war der einzige Bruch in meinem Wesen. Die andern Leute haben Sonn- und Werktage, sie arbeiten 6 Tage und beten am 7.ten, sie sind jedes Jahr auf ihren Geburtstag einmal gerührt und denken jedes Jahr auf Neujahr einmal nach. Ich begreife nichts davon. Ich kenne keinen Absatz, keine Veränderung. Ich bin immer nur Eins. Ein ununterbrochnes Sehnen und Fassen, eine Glut, ein Strom. Meine Mutter ist vor Gram gestorben, die Leute weisen mit Fingern auf mich. Das ist dumm. Es läuft auf eins hinaus, an was man seine Freude hat, an Leibern, Christusbildern, Blumen und Kinderspielsachen, es ist das nemliche Gefühl, wer am Meisten genießt, betet am Meisten.

eine Menge (Haufe)
ertränkt (ersäuft)
Innehalten (Absatz)
Kummer (Gram)

Danton Warum kann ich deine Schönheit nicht ganz in mich fassen, sie nicht ganz umschließen?

Marion Danton, deine Lippen haben Augen.

Danton Ich möchte ein Teil des Äther sein, um dich in meiner Flut zu baden, um mich auf jeder Welle deines schönen Leibes zu brechen.

obere Luftschicht (Äther)

Lacroix, Adelaide, Rosalie, treten ein.

Lacroix *(bleibt in der Tür stehn)* Ich muß lachen, ich muß lachen.

Danton *(unwillig)* Nun?

Lacroix Die Gasse fällt mir ein

Danton Und?

Lacroix Auf der Gasse waren Hunde, eine Dogge und ein Bologneser Schoßhündlein, die quälten sich.

Danton Was soll das?

Lacroix Das fiel mir nun grade so ein und da mußt' ich lachen. Es sah erbaulich aus! Die Mädel guckten aus den Fenstern, man sollte vorsichtig sein und sie nicht einmal in d. Sonne sitzen lassen, die Mücken treiben's ihnen sonst auf den Händen, das macht Gedanken. Legendre und ich sind fast durch alle Zellen gelaufen, die Nönnlein von der Offenbarung durch das Fleisch hingen uns an den Rockschößen und wollten den Segen. Legendre gibt einer die Disziplin, aber er wird einen Monat dafür zu fasten bekommen. Da bringe ich zwei von den Priesterinnen mit dem Leib.

im Sinne von: das bringt einen auf Gedanken; vgl. zur Rezension Mat. 5, 6 u. 7

Prostituierte

einen Monat enthaltsam leben als Folge einer Geschlechtskrankheit

hintere Zipfel eines Fracks

gemeint sind auch hier Prostituierte

Marion Guten Tag, demoiselle Adelaide, guten Tag, demoiselle Rosalie.

Fräulein

Rosalie Wir hatten schon lange nicht das Vergnügen.

Marion Es war mir recht leid.

Adelaide Ach Gott, wir sind Tag und Nacht beschäftigt.

Danton *(zu Rosalie)*. Ei Kleine, du hast ja geschmeidige Hüften bekommen,

Rosalie Ach ja, man vervollkommnet sich täglich.

Lacroix Was ist der Unterschied zwischen dem antiken und einem modernen Adonis?

Seite 109

Danton Und Adelaide ist sittsam interessant geworden! eine pikante Abwechslung. Ihr Gesicht sieht aus wie ein Feigenblatt, das sie sich vor den ganzen Leib hält.

zurückhaltend

prickelnd

Symbol für Verhüllung aus Scham

Anspielung auf Prostitution

So ein Feigenbaum an einer so gangbaren Straße gibt einen erquicklichen Schatten.

Herdenweg

Adelaide Ich wäre ein Herdweg, wenn Monsieur

Danton Ich verstehe, nur nicht böse mein Fräulein.

Lacroix So höre doch, ein moderner Adonis wird nicht von einem Eber, sondern von Säuen zerrissen, er bekommt seine Wunde nicht am Schenkel sondern in den Leisten und aus seinem Blut sprießen nicht Rosen hervor sondern schießen Quecksilberblüten an.

wiederhergestellter Rumpf

die erste Einnahme von Quecksilberchlorid zur Behandlung von Geschlechtskrankheiten

Danton Fräulein Rosalie ist ein restaurierter Torso, woran nur die Hüften und Füße antik sind. Sie ist eine Magnetnadel, was der Pol Kopf abstößt, zieht der Pol Fuß an, die Mitte ist ein Äquator, wo jeder eine Sublimattaufe nötig hat, der zum Erstenmal die Linie passiert.

gemeint sind Prostituierte

Krankenhaus

Lacroix Zwei barmherzige Schwestern, jede dient in einem Spital d. h. in ihrem eignen Körper.

Rosalie Schämen Sie sich, unsere Ohren rot zu machen!

Adelaide Sie sollten mehr Lebensart haben. *(Ad. u. Rosalie, ab)*

Anspielung auf Sublimatpillen

Danton Gute Nacht, ihr hübschen Kinder!

Lacroix Gute Nacht, ihr Quecksilbergruben!

leidtun

Danton Sie dauern mich, sie kommen um ihr Nachtessen.

Lacroix Höre Danton, ich komme von den Jakobinern.

Danton Nichts weiter?

römisches Gewand

Seite 109

Lacroix Die Lyoner verlasen eine Proklamation, sie meinten es bliebe ihnen nichts übrig, als sich in die Toga zu wickeln. Jeder machte ein Gesicht, als wollte er zu seinem Nachbar sagen: Paetus es schmerzt nicht! Legendre schrie man wolle Chaliers und

Marats Büsten zerschlagen; ich glaube er will sich das Gesicht wieder rot machen, er ist ganz aus der Terreur herausgekommen, die Kinder zupfen ihn auf der Gasse am Rock.

Schreckensherrschaft

Dant Und Robespierre?

Lacroix Fingerte auf der Tribüne und sagte: die Tugend muß durch den Schrecken herrschen. Die Phrase machte mir Halsweh.

Satz

Anspielung auf den Tod durch die Guillotine

Danton Sie hobelt Bretter für die Guillotine.

Lacroix Und Collot schrie wie besessen, man müsse die Masken abreißen.

Danton Da werden die Gesichter mitgehen.

Paris, tritt ein.

Lacroix Was gibt's Fabricius?

Paris Von den Jakobinern weg ging ich zu Robespierre. Ich verlangte eine Erklärung. Er suchte eine Miene zu machen, wie Brutus, der seine Söhne opfert. Er sprach im Allgemeinen von den Pflichten, sagte der Freiheit gegenüber kenne er keine Rücksicht, er würde Alles opfern, sich, seinen Bruder, seine Freunde.

Seite 109

Danton Das war deutlich, man braucht nur die Skala herumzukehren, so steht er unten und hält seinen Freunden die Leiter. Wir sind Legendre Dank schuldig, er hat sie sprechen gemacht.

Weg zur Hinrichtung

Lacroix Die Hebertisten sind noch nicht tot, das Volk ist materiell elend, das ist ein furchtbarer Hebel. Die Schale des Blutes darf nicht steigen, wenn sie dem Wohlfahrtsausschuß nicht zur Laterne werden soll, er hat Ballast nötig, er braucht einen schweren Kopf.

real greifbar

Galgen

Danton Ich weiß wohl, – die Revolution ist wie Saturn, sie frißt ihre eignen Kinder. *(nach einigem Besinnen)* Doch, sie werden's nicht wagen.

röm. Gott

S. 34 oben rechts

Überreste eines Heiligen

säulenähnliches Standbild

Denkmal

Lacroix Danton, du bist ein toter Heiliger, aber die Revolution kennt keine Reliquien, sie hat die Gebeine aller Könige auf die Gasse und alle Bildsäulen von den Kirchen geworfen. Glaubst du man würde dich als Monument stehen lassen?

Danton Mein Name! das Volk!

Gruppe

September 1792, Herrschaft des Nationalkonvents

Lacroix Dein Name! du bist ein Gemäßigter, ich bin einer, Camille, Philippeau, Herault. Für das Volk sind Schwäche und Mäßigung eins. Es schlägt die Nachzügler tot. Die Schneider von der Sektion der roten Mütze werden die ganze römische Geschichte in ihrer Nadel fühlen, wenn der Mann des September ihnen gegenüber ein Gemäßigter war.

Danton Sehr wa(h)r, und außerdem – das Volk ist wie ein Kind, es muß Alles zerbrechen, um zu sehen was darin steckt.

moralisch verwerflich

Lacroix Und außerdem Danton, sind wir lasterhaft, wie Robespierre sagt d. h. wir genießen, und das Volk ist tugendhaft d. h. es genießt nicht, weil ihm die Arbeit die Genußorgane stumpf macht, es besäuft sich nicht, weil es kein Geld hat und es geht nicht in's Bordell, weil es nach Käs und Hering aus dem Hals stinkt und die Mädel davor einen Ekel haben.

ein durch Kastration zeugungsunfähig gemachter Mann

Danton Es haßt die Genießenden, wie ein Eunuch die Männer.

Jacke der Jakobiner

Lacroix Man nennt uns Spitzbuben und *(sich zu d. Ohren Dantons neigend)* es ist, unter uns gesagt, so halbwegs was Wahres dran. Robespierre und das Volk werden tugendhaft sein, St. Just wird einen Roman schreiben und Barrère wird eine Carmagnole schneidern und dem Konvent das Blutmäntelchen umhängen und – ich sehe Alles.

Danton Du träumst. Sie hatten nie Mut ohne mich, sie

werden keinen gegen mich haben; die Revolution ist noch nicht fertig, sie könnten mich noch nötig haben, sie werden mich im Arsenal aufheben.

Die durch Rev. groß geworden sind (=Kinder) fallen der Rev. nun zum Opfer weil diese unkontrollierbar geworden ist.

Lacroix Wir müssen handeln.

Danton Das wird sich finden.

Lacroix Es wird sich finden, wenn wir verloren sind.

Marion *(zu Danton)* Deine Lippen sind kalt geworden, deine Worte haben deine Küsse erstickt.

Danton *(zu Marion)* So viel Zeit zu verlieren! Das war der Mühe wert! *(zu Lacroix)* Morgen geh' ich zu Robespierre, ich werde ihn ärgern, da kann er nicht schweigen. Morgen also! Gute Nacht meine Freunde, gute Nacht, ich danke Euch.

Lacroix Packt Euch, meine guten Freunde. Packt Euch! Gute Nacht Danton, die Schenkel der Demoiselle guillotinieren dich, der mons Veneris wird dein Tarpejischer Fels.
(ab)

Packt Euch: Auf geht's!

mons Veneris: lat.: Venushügel

Tarpejischer Fels: Fels am Kapitol in Rom von dem zum Tode Verurteilte hinuntergestoßen wurden

Sechste Szene

Ein Zimmer

Robespierre, Danton, Paris.

Robespierre Ich sage dir, wer (mir) in den Arm fällt, wenn ich das Schwert ziehe, ist mein Feind, seine Absicht tut nichts zur Sache; wer mich verhindert mich zu verteidigen, tötet mich so gut, als wenn er mich angriffe.

verhindert: daran hindert

Danton Wo die Notwehr aufhört fängt der Mord an, ich sehe keinen Grund, der uns länger zum Töten zwänge.

gesellschaftliche

privilegierte

erschöpften

Robespierre Die soziale Revolution ist noch nicht fertig, wer eine Revolution zur Hälfte vollendet, gräbt sich selbst sein Grab. Die gute Gesellschaft ist noch nicht tot, die gesunde Volkskraft muß sich an die Stelle dieser nach allen Richtungen abgekitzelten Klasse setzen. Das Laster muß bestraft werden, die Tugend muß durch den Schrecken herrschen.

Danton Ich verstehe das Wort Strafe nicht. Mit deiner Tugend Robespierre! Du hast kein Geld genommen, du hast keine Schulden gemacht, du hast bei keinem Weibe geschlafen, du hast immer einen anständigen Rock getragen und dich nie betrunken. Robespierre du bist empörend rechtschaffen. Ich würde mich schämen 30 Jahre lang mit der nämlichen Moralphysiognomie zwischen Himmel und Erde herumzulaufen bloß um des elenden Vergnügens willen Andre schlechter zu finden, als mich. Ist denn nichts in dir, was dir nicht manchmal ganz leise, heimlich sagte, du lügst, du lügst!

tugendhafte äußere Erscheinung

Robespierre Mein Gewissen ist rein.

Danton Das Gewissen ist ein Spiegel vor dem ein Affe sich quält; jeder putzt sich wie er kann, und geht auf seine eigne Art auf seinen Spaß dabei aus. Das ist der Mühe wert sich darüber in den Haaren zu liegen. Jeder mag sich wehren, wenn ein Andrer ihm den Spaß verdirbt. Hast du das Recht aus der Guillotine einen Waschzuber für die unreine Wäsche anderer Leute und aus ihren abgeschlagn(en) Köpfen Fleckkugeln für ihre schmutzigen Kleider zu machen, weil du immer einen sauber gebürsteten Rock trägst? Ja, du kannst dich wehren, wenn sie dir drauf spucken oder Löcher hineinreißen, aber was geht es dich an, so lang sie dich in Ruhe lassen? Wenn sie sich nicht

Bottich zum Waschen

Mittel zur Fleckenentfernung

genieren so herum zu gehn, hast du deswegen das Recht sie in's Grabloch zu sperren? Bist du der Polizeisoldat des Himmels? Und kannst du es nicht eben so gut mit ansehn, als dein lieber Herrgott, so halte dir dein Schnupftuch vor die Augen.

Robespierre Du leugnest die Tugend?

Danton Und das Laster. Es gibt nur Epicuräer und zwar grobe und feine, Christus war der feinste; das ist der einzige Unterschied, den ich zwischen den Menschen herausbringen kann. Jeder handelt seiner Natur gemäß d. h. er tut, was ihm wohl tut.
Nicht wahr Unbestechlicher, es ist grausam dir die Absätze so von den Schuhen zu treten?

Vertreter der Lehre Epikurs, Seite 107

Robespierre Danton, das Laster ist zu gewissen Zeiten Hochverrat.

Danton Du darfst es nicht proskribieren, um's Himmelswillen nicht, das wäre undankbar, du bist ihm zu viel schuldig, durch den Kontrast nämlich.
Übrigens, um bei deinen Begriffen zu bleiben, unsere Streiche müssen der Republik nützlich sein, man darf die Unschuldigen nicht mit den Schuldigen treffen.

ächten

Robespierre Wer sagt dir denn, daß ein Unschuldiger getroffen worden sei?

Danton Hörst du Fabricius? Es starb kein Unschuldiger! *(er geht, im Hinausgehn zu Paris)* Wir dürfen keinen Augenblick verlieren, wir müssen uns zeigen!
(Danton u. Paris ab)

Paris

Robespierre *(allein.)*
Geh nur! Er will die Rosse der Revolution am Bordell halten machen, wie ein Kutscher seine dressierten Gäule; sie werden Kraft genug haben, ihn zum Revolutionsplatz zu schleifen. Mir die Absätze von den Schuhen treten! Um bei deinen Begriffen zu bleiben!

Halt! Halt! Ist's das eigentlich? Sie werden sagen seine gigantische Gestalt hätte zuviel Schatten auf mich geworfen, ich hätte ihn deswegen aus der Sonne gehen heißen.

Und wenn sie Recht hätten?

Ist's denn so notwendig? Ja, ja! die Republik! Er muß weg. Es ist lächerlich wie meine Gedanken einander beaufsichtigen. Er muß weg. Wer in einer Masse, die vorwärts drängt, stehen bleibt, leistet so gut Widerstand als trät' er ihr entgegen; er wird zertreten.

Rob. hin und her gerissen. weiß er muss Danton töten aber will eig. nicht.

Wir werden das Schiff der Revolution nicht auf den seichten Berechnungen und den Schlammbänken dieser Leute stranden lassen, wir müssen die Hand abhauen, die es zu halten wagt und wenn er es mit den Zähnen packte!

Weg mit einer Gesellschaft, die der toten Aristokratie die Kleider ausgezogen und ihren Aussatz geerbt hat.

die Kleider ausgezogen: viel von ihr übernommen

Aussatz: Lepra (Infektionskrankheit)

Keine Tugend! Die Tugend ein Absatz meiner Schuhe! Bei meinen Begriffen!

Wie das immer wieder kommt.

Warum kann ich den Gedanken nicht los werden?

Er deutet mit blutigem Finger immer da, da hin! Ich mag so viel Lappen darum wickeln als ich will, das Blut schlägt immer durch. – *(Nach einer Pause)* Ich weiß nicht, was in mir das Andere belügt.

Muss sich selbst best. dass er das Richtige tut → Autosuggestion

(Er tritt an's Fenster.)

Die Nacht schnarcht über der Erde und wälzt sich im wüsten Traum. Gedanken, Wünsche kaum geahnt, wirr und gestaltlos, die scheu sich vor des Tages Licht verkrochen, empfangen jetzt Form und Gewand und stehlen sich in das stille Haus des Traums. Sie öffnen die Türen, sie sehen aus den Fenstern, sie werden halbwegs Fleisch, die Glieder strecken sich im Schlaf, die Lippen murmeln. – Und ist nicht unser Wachen ein hellerer Traum, sind wir nicht Nachtwandler, ist nicht unser Handeln, wie das im Traum, nur deutlicher, bestimmter, durchgeführter? Wer will uns darum schelten? In einer Stunde verrichtet der Geist mehr Taten des Gedankens, als der träge Organismus unsres Leibes in Jahren nachzutun vermag. Die Sünde ist im Gedanken. Ob der Gedanke Tat wird, ob ihn der Körper nachspielt, das ist Zufall.

(St. Just, tritt ein)

Rob. He, werda im Finstern? He Licht, Licht!

St. Just Kennst du meine Stimme?

Robesp. Ah, du St. Just! *(eine Dienerin bringt Licht.)*

St. Just Warst du allein?

Robesp. Eben ging Danton weg.

St. Just Ich traf ihn unterwegs im palais royal. Er Seite 28
machte seine revolutionäre Stirn und sprach in Epigrammen; er duzte sich mit den Ohnehosen, die Spottgedichte
Grisetten liefen hinter seinen Waden drein und die Seite 20
Leute blieben stehn und zischelten sich in die Ohren, was er gesagt hatte.
Wir werden den Vorteil des Angriffs verlieren. Willst du noch länger zaudern? Wir werden ohne dich handeln. Wir sind entschlossen.

Robesp. Was wollt Ihr tun?

St. Just Wir berufen den Gesetzgebungs-, den Sicherheits- und den Wohlfahrtsausschuß zu feierlicher Sitzung.

Robesp. Viel Umstände.

St. Just Wir müssen die große Leiche mit Anstand begraben, wie Priester, nicht wie Mörder. Wir dürfen sie nicht zerstücken, all ihre Glieder müssen mit hinunter.

Robesp. Sprich deutlicher.

St. Just Wir müssen ihn in seiner vollen Waffenrüstung beisetzen und seine Pferde und Sklaven auf seinem Grabhügel schlachten (:) Lacroix –

ehemaliger

Robesp. Ein ausgemachter Spitzbube, gewesner Advokatenschreiber, gegenwärtig Generallieutnant von Frankreich. Weiter.

St. Just Hérault-Séchelles.

Robesp. Ein schöner Kopf.

Verfassung

St. Just Er war der schöngemalte Anfangsbuchstaben der Konstitutionsakte, wir haben dergleichen Zierat nicht mehr nötig, er wird ausgewischt. Philippeau, Camille

Robespierre Auch den?

St. Just *(überreicht ihm ein Papier)* Das dacht' ich. Da lies!

Name der Zeitung Desmoulins

Robesp. Aha, der alte Franziskaner, sonst nichts? Er ist ein Kind, er hat über Euch gelacht.

St. Just Lies, hier! hier! *(er zeigt ihm eine Stelle.)*

im Gegensatz zum wahren Messias

Kreuzigungsstätte Christi

Seite 110

sie wohnten Christi Sterben bei

Lieblingsjünger Christi

Unheil verkündenden

Behältnis zum Zurschaustellen der geweihten Hostie

Robespierre *(liest)* „Dieser Blutmessias *Robesp.* auf seinem Kalvarienberge zwischen den beiden Schächern Couthon u. Collot, auf dem er opfert und nicht geopfert wird. Die Guillotinenbetschwestern stehen wie Maria und Magdalena unten. St. Just liegt ihm wie Johannes am Herzen, und macht den Konvent mit den apokalyptischen Offenbarungen des Meisters bekannt er trägt seinen Kopf wie eine Monstranz."

Seite 110

St. Just Ich will ihn den seinigen wie St. Denis tragen machen.

Robesp. *(liest weiter)* „Sollte man glauben, daß der saubere Frack des Messias das Leichenhemd Frankreichs ist und daß seine dünnen auf er Tribüne herumzuckenden Finger, Guillotinmesser sind?

Und du Barrère, der du gesagt hast, auf dem Revolutionsplatz werde Münze geschlagen. Doch – ich will den alten Sack nicht aufwühlen. Er ist eine Witwe, die schon ein halb Dutzend Männer hatte und sie begraben half. Wer kann was dafür? Das ist so seine Gabe, er sieht den Leuten ein halbes Jahr vor dem Tode das hippokratische Gesicht an. Wer mag sich auch zu Leichen setzen und den Gestank riechen?"

Gesichtsausdruck Sterbender

Also auch du Camill?

Weg mit ihnen! Rasch! nur die Toten kommen nicht wieder. Hast du die Anklage bereit?

St. Just Es macht sich leicht. Du hast die Andeutungen bei den Jakobinern gemacht.

Rob. Ich wollte sie schrecken.

St. Just Ich brauche nur durchzuführen, die Fälscher geben das Ei und die Fremden den Apfel ab. Sie sterben an der Mahlzeit, ich gebe dir mein Wort.

Übersetzung einer frz. Redewendung

Rob. Dann rasch, morgen. Keinen langen Todeskampf! Ich bin empfindlich seit einigen Tagen. Nur rasch!

St. Just, ab.

Rob. *(allein)*

Ja wohl, Blutmessias, der opfert und nicht geopfert wird. – Er hat sie mit seinem Blut erlöst und ich erlöse sie mit ihrem eignen. Er hat sie sündigen gemacht und ich nehme die Sünde auf mich. Er hatte die Wollust des Schmerzes und ich habe die Qual des Henkers.

Wer hat sich mehr verleugnet, Ich oder er? –

Und doch ist was von Narrheit in dem Gedanken. – Was sehen wir nur immer nach dem Einen? Wahrlich des Menschensohn wird in uns Allen gekreuzigt, wir ringen Alle im Gethsemanegarten im blutigen Schweiß, aber es erlöst Keiner den Andern mit seinen

Jesus Christus

Ort in Jerusalem, wo Christus betete, bevor er verraten wurde

Wunden. – Mein Camille! – Sie gehen Alle von mir – es ist Alles wüst und leer – ich bin allein.

Zweiter Akt

Erste Szene

Ein Zimmer

Danton, Lacroix, Philippeau, Paris, Camille Desmoulins.

Camille Rasch Danton wir haben keine Zeit zu verlieren.

Danton *(er kleidet sich an)* Aber die Zeit verliert uns. Das ist sehr langweilig immer das Hemd zuerst und dann die Hosen drüber zu ziehen und des Abends in's Bett und Morgens wieder heraus zu kriechen und einen Fuß immer so vor den andern zu setzen, da ist gar kein Absehens wie es anders werden soll. Das ist sehr traurig und daß Millionen es schon so gemacht haben und daß Millionen es wieder so machen werden und, daß wir noch obendrein aus zwei Hälften bestehen, die beide das Nämliche tun, so daß Alles doppelt geschieht. Das ist sehr traurig.

Camille Du sprichst in einem ganz kindlichen Ton.

Danton Sterbende werden of kindisch.

Lacroix Du stürzest dich durch dein Zögern in's Verderben, du reißest alle deine Freunde mit dir. Benachrichtige die Feiglinge, daß es Zeit ist sich um dich zu versammlen, fordere sowohl die vom Tale als die vom Berge auf. Schreie über die Tyrannei der Decemvirn, sprich von Dolchen, rufe Brutus an, dann

Anspielung auf die Lage der Sitzplätze der Abgeordneten im Konvent

Seite 14
Seite 110

wirst du die Tribunen erschrecken und selbst die um dich sammeln, die man als Mitschuldige Héberts bedroht. Du mußt dich deinem Zorn überlassen. Laßt uns wenigstens nicht entwaffnet und erniedrigt wie der schändliche Hebert sterben.

Tribunen: Abgeordnete

Danton Du hast ein schlechtes Gedächtnis, du nanntest mich einen toten Heiligen. Du hattest mehr Recht, als du selbst glaubtest. Ich war bei den Sektionen, sie waren ehrfurchtsvoll, aber wie Leichenbitter. Ich bin eine Reliquie und Reliquien wirft man auf die Gasse, du hattest Recht.

Leichenbitter: Überbringer der Todesnachricht, der gleichzeitig zur Beerdigung einlud

Lacroix Warum hast du es dazu kommen lassen?

Danton Dazu? Ja wahrhaftig, es war mir zuletzt langweilig. Immer im nämlichen Rock herumzulaufen und die nämlichen Falten zu ziehen! Das ist erbärmlich. So ein armseliges Instrument zu sein, auf dem eine Saite immer nur einen Ton angibt!

S' ist nicht zum Aushalten. Ich wollte mir's bequem machen. Ich hab' es erreicht, die Revolution setzt mich in Ruhe, aber auf andere Weise, als ich dachte. Übrigens, auf was sich stützen? Unsere Huren könnten es noch mit den Guillotinenbetschwestern aufnehmen, sonst weiß ich nichts. Es läßt sich an den Fingern herzählen: die Jakobiner haben erklärt, daß die Tugend an der Tagesordnung sei, die Cordeliers nennen mich Heberts Henker, der Gemeinderat tut Buße, der Konvent, – das wäre noch ein Mittel! aber es gäbe einen 31. Mai, sie würden nicht gutwillig weichen. Robespierre ist das Dogma der Revolution, es darf nicht ausgestrichen werden. Es ginge auch nicht. Wir haben nicht die Revolution, sondern die Revolution hat uns gemacht.

nämlichen: demselben

Cordeliers: Seite 110

Dogma: verbindliche Glaubensaussage

Und wenn es ginge – ich will lieber guillotiniert

werden, als guillotinieren lassen. Ich hab es satt, wozu sollen wir Menschen miteinander kämpfen? Wir sollten uns nebeneinander setzen und Ruhe haben. Es wurde ein Fehler gemacht, wie wir geschaffen worden, es fehlt uns was, ich habe keinen Namen dafür, wir werden es uns einander nicht aus den Eingeweiden herauswühlen, was sollen wir uns drum die Leiber aufbrechen? Geht, wir sind elende Alchymisten.

Menschen, die versuchten Gold herzustellen

Camille Pathetischer gesagt würde es heißen: wie lange soll die Menschheit im ewigen Hunger ihre eignen Glieder fressen? oder, wie lange sollen wir Schiffbrüchige auf einem Wrack in unlöschbarem Durst einander das Blut aus den Adern saugen? oder, wie lange sollen wir Algebraisten im Fleisch beim Suchen nach dem unbekannten, ewig verweigerten x unsere Rechnungen mit zerfetzten Gliedern schreiben?

ausdrucksstärker

lösen Gleichungen mit Unbekannten; handeln überlegt

Danton Du bist ein starkes Echo.

Camille Nicht wahr, ein Pistolenschuß schallt gleich wie ein Donnerschlag. Desto besser für dich, du solltest mich immer bei dir haben.

Philippeau Und Frankreich bleibt seinen Henkern?

Danton Was liegt daran? Die Leute befinden sich ganz wohl dabei. Sie haben Unglück, kann man mehr verlangen um gerührt, edel, tugendhaft oder witzig zu sein oder um überhaupt keine Langeweile zu haben? Ob sie nun an der Guillotine oder am Fieber oder am Alter sterben? Es ist noch vorzuziehen, sie treten mit gelenken Gliedern hinter die Coulissen und können im Abgehen noch hübsch gestikulieren und die Zuschauer klatschen hören. Das ist ganz artig und paßt für uns, wir stehen immer auf dem Theater, wenn wir auch zuletzt im Ernst erstochen werden. Es

Kulissen (Bühnendekoration)

ist recht gut, daß die Lebenszeit ein wenig reduziert wird, der Rock war zu lang, unsere Glieder konnten ihn nicht ausfüllen. Das Leben wird ein Epigramm, das geht an, wer hat auch Atem und Geist genug für ein Epos in 50 oder 60 Gesängen? S' ist Zeit, daß man das bißchen Essenz nicht mehr aus Zübern sondern aus Liqueurgläschen trinkt, so bekommt man doch das Maul voll, sonst konnte man kaum einige Tropfen in dem plumpen Gefäß zusamme(n)rinnen machen. Endlich – ich müßte schreien, das ist mir der Mühe zuviel, das Leben ist nicht die Arbeit wert, die man sich macht, es zu erhalten.

Spottgedicht

erzählende Dichtung

konzentrierte Flüssigkeit

Bottiche

Paris So flieh Danton!

Danton Nimmt man das Vaterland an den Schuhsohlen mit? Und endlich – und das ist die Hauptsache: sie werden's nicht wagen. *(zu Camille)* Komm mein Junge, ich sage dir sie werden's nicht wagen. Adieu. Adieu! *(Danton u. Camille ab)*

Philippeau Da geht er hin.

Lacroix Und glaubt kein Wort von dem was er gesagt hat. Nichts als Faulheit! Er will sich lieber guillotinieren lassen, als eine Rede halten.

Paris Was tun?

Lacroix Heim gehen und als Lucrecia auf einen anständigen Fall studieren.

Seite 108

Zweite Szene

Eine Promenade

Spaziergänger.

Ein Bürger Meine gute Jaqueline, ich wollte sagen, Corn, wollt' ich Cor

Simon Cornelia, Bürger, Cornelia.

Bürger Meine gute Cornelia hat mich mit einem Knäblein erfreut.

Simon Hat der Republik einen Sohn geboren.

Bürger Der Republik, das lautet zu allgemein, man könnte sagen

Simon Das ist's gerade, das Einzelne muß sich dem Allgemeinen

Bürger Ach ja, das sagt meine Frau auch.

Bänkelsänger Was doch ist, was doch ist
Aller Männer Freud und Lüst?

Bürger Ach mit den Namen, da komm ich gar nicht in's Reine.

Lanze **Simon** Tauf' ihn: Pike, Marat.

Bänkelsänger Unter Kummer, unter Sorgen
Sich bemühn vom frühen Morgen
Bis der Tag vorüber ist.

Bürger Ich hätte gern drei, es ist doch was mit der Zahl drei, und dann was Nützliches und was Rechtliches, jetzt hab' ich's: Pflug, Robespierre.
Und dann das dritte?

Simon Pike.

Bürger Ich dank Euch, Nachbar. Pike, Pflug, Robespierre, das sind hübsche Namen, das macht sich schön.

Simon Ich sage dir, die Brust deiner Cornelia, wird wie das Euter der römischen Wöfin, nein, das geht nicht, Romulus war ein Tyrann; das geht nicht. *(gehn vorbei.)* Seite 110

Ein Bettler *(singt)* Eine Handvoll Erde
(U)nd ein wenig Moos
Liebe Herren, schöne Damen!

1. Herr Kerl arbeite, du siehst ganz wohlgenährt aus.

2. Herr Da! *(er gibt ihm Geld)* er hat eine Hand wie Samt. Das ist unverschämt.

Bettler Mein Herr wo habt Ihr Euren Rock her?

2. Herr Arbeit, Arbeit! Du könntest den nemlichen haben, ich will dir Arbeit geben, komm zu mir, ich wohne

Bettler Herr, warum habt Ihr gearbeitet?

2. Herr Narr, um den Rock zu haben.

Bettler Ihr habt Euch gequält um einen Genuß zu haben, denn so ein Rock ist ein Genuß, ein Lumpen tut's auch.

2. Herr Freilich, sonst geht's nicht.

Bettler Daß ich ein Narr wäre. Das hebt einander. Die Sonne scheint warm an das Eck und das geht ganz leicht. *(singt.)* Eine Handvoll Erde u. ein wenig Moos

Rosalie *(zu Adelaiden)* Mach fort, da kommen Soldaten, wir haben seit gestern nichts Warmes in den Leib gekriegt. Mach schon!

Bettler Ist auf dieser Erde
(E)inst mein letztes Los!
Meine Herren, meine Damen!

Soldat Halt! wo hinaus meine Kinder? *(zu Rosalie)* wie alt bist du?

Rosalie So alt wie mein kleiner Finger.

Soldat Du bist sehr spitz.

Rosalie Und du sehr stumpf.

Soldat So will ich mich an dir wetzen.
(er singt) Christinlein, lieb Christinlein mein,
Tut dir der Schaden weh, Schaden weh,
Schaden weh, Schaden weh!

Rosalie *(singt)* Ach nein, ihr Herrn Soldaten,
Ich hätt' es gerne meh, gerne meh,
Gerne meh, gerne meh!

mehr

Danton u. Camille treten auf.

Danton Geht das nicht lustig?
Ich wittre was in der Atmosphäre, es ist als brüte die Sonne Unzucht aus.
Möchte man nicht drunter springen, sich die Hosen vom Leibe reißen und sich über den Hintern begatten wie die Hunde auf der Gasse? *(gehen vorbei)*

Junger Herr Ach Madame, der Ton einer Glocke, das Abendlicht an den Bäumen, Blinken eines Sterns;

Madame Der Duft einer Blume, diese natürlichen Freuden, dieser reine Genuß der Natur! *(zu ihrer Tochter)* sieh, Eugenie, nur die Tugend hat Augen dafür.

Eugenie *(küßt ihrer Mutter die Hand)* Ach Mama, ich sehe nur Sie!

Madame Gutes Kind!

Junger Herr *(zischelt Eugenien in's Ohr)* Sehen Sie dort die hübsche Dame mit dem alten Herrn?

Eugenie Ich kenne sie.

Ju(n)ger Herr Man sagt ihr Friseur habe sie à l'enfant frisiert.

frz.: wie ein Kind

Eugenie *(lacht)* böse Zunge!

Junger Herr Der alte Herr geht neben bei, er sieht das Knöspchen schwellen und führt es in die Sonne spazieren und meint er sei der Gewitterregen, der es habe wachsen machen.

Eugenie Wie unanständig, ich hätte Lust rot zu werden.

Ju(n)ger Herr Das könnt mich blaß machen.

Danton *(zu Camille)* Mute mir nur nichts Ernsthaftes zu. Ich begreife nicht warum die Leute nicht auf der Gasse stehen bleiben und einander in's Gesicht lachen. Ich meine sie müßten zu den Fenstern und zu den Gräbern heraus lachen und der Himmel müsse bersten und die Erde müsse sich wälzen vor Lachen.

bersten: auseinanderbrechen

1. Herr Ich versicher(e) Sie, eine außerordentliche Entdeckung! Alle technischen Künste bekommen dadurch eine andere Physiognomie. Die Menschheit eilt mit Riesenschritten ihrer hohen Bestimmung entgegen.

Physiognomie: außere Erscheinung

2. Herr Haben Sie das neue Stück gesehen? Ein babylonischer Turm! Ein Gewirr von Gewölben, Treppchen, Gängen und das Alles so leicht und kühn in die Luft gesprengt. Man schwindelt bei jedem Tritt. Ein bizarrer Kopf. *(er bleibt verlegen stehn.)*

babylonischer Turm: terrassenförmiger Turm in Babylon

1. Herr Was haben Sie denn?

2. Herr Ach nichts! Ihre Hand, Herr! die Pfütze, so! Ich danke Ihnen. Kaum kam ich vorbei, das konnte gefährlich werden!

1. Herr Sie fürchteten doch nicht?

2. Herr Ja, die Erde ist eine dünne Kruste, ich meine immer ich könnte durchfallen, wo so ein Loch ist. Man muß mit Vorsicht auftreten, man könnte durchbrechen. Aber gehen Sie in's Theater, ich rat' es Ihnen.

Dritte Szene

Ein Zimmer

Danton, Camille, Lucile.

Camille Ich sage Euch, wenn sie nicht Alles in hölzernen Kopien bekommen, verzettelt in Theatern, Konzerten und Kunstausstellungen, so haben sie weder Augen noch Ohren dafür. Schnitzt Einer eine Marionette, wo man den Strick hereinhängen sieht, an dem sie gezerrt wird und deren Gelenke bei jedem Schritt in fünffüßigen Jamben krachen, welch ein Charakter, welche Konsequenz! Nimmt Einer ein Gefühlchen, eine Sentenz, einen Begriff und zieht ihm Rock und Hosen an, macht ihm Hände und Füße, färbt ihm das Gesicht und läßt das Ding sich 3 Akte hindurch herumquälen, bis es sich zuletzt verheiratet oder sich totschießt – ein Ideal! Fiedelt Einer eine Oper, welche das Schweben und Senken im menschlichen Gemüt wiedergibt wie eine Tonpfeife mit Wasser die Nachtigall – ach die Kunst! Setzt die Leute aus dem Theater auf die Gasse: ach, die erbärmliche Wirklichkeit!
Sie vergessen ihren Herrgott über seinen schlechten Kopisten. Von der Schöpfung, die glühend, brausend und leuchtend, um und in ihnen, sich jeden Augenblick neu gebiert, hören und sehen sie nichts. Sie gehen in's Theater, lesen Gedichte und Romane, schneiden den Fratzen darin die Gesichter nach und sagen zu Gottes Geschöpfen: wie gewöhnlich! Die Griechen wußten, was sie sagten, wenn sie erzählten Pygmalions Statue sei wohl lebendig geworden, habe aber keine Kinder bekommen.

Jamben: zweisilbiges Versmaß mit der Betonung auf der zweiten Silbe

Sentenz: kurz und treffend formulierter Sinnspruch

Kopisten: jemand, der etwas kopiert

gebiert: von gebären

Pygmalions Statue: Seite 110

Danton Und die Künstler gehn mit der Natur um wie David, der im September die Gemordeten, wie sie aus der Force auf die Gasse geworfen wurden, kaltblütig zeichnete und sagte: ich erhasche die letzten Zuckungen des Lebens in diesen Bösewichten. *(Danton wird hinausgerufen.)*

David: Seite 110

Force: Pariser Gefängnis

Camille Was sagst du Lucile?

Lucile Nichts, ich seh dich so gern sprechen.

Camille Hörst mich auch?

Lucile Ei freilich.

Camille hab ich Recht, weißt du auch, was ich gesagt habe?

Lucile Nein wahrhaftig nicht.

(Danton kömmt zurück.)

Camille Was hast du?

Danton Der Wohlfahrtsausschuß hat meine Verhaftung beschlossen. Man hat mich gewarnt und mir einen Zufluchtsort angeboten.

Sie wollen meinen Kopf, meinetwegen. Ich bin der Hudeleien überdrüssig. Mögen sie ihn nehmen. Was liegt daran? Ich werde mit Mut zu sterben wissen, das ist leichter, als zu leben.

Hudeleien: Scherereien, Schlampereien

Camille Danton, noch ist's Zeit.

Danton Unmöglich, – aber ich hätte nicht gedacht

Camille Deine Trägheit!

Danton Ich bin nicht träg, aber müde. Meine Sohlen brennen mich.

Camille Wo gehst du hin?

Danton Ja, wer das wüßte!

Camille Im Ernst, wohin?

Danton Spazieren, mein Junge, spazieren! *(er geht)*

Lucile Ach Camill!

Camille Sei ruhig, lieb Kind.

Lucile Wenn ich denke, daß sie dies Haupt! Mein Camille! das ist Unsinn, gelt, ich bin wahnsinnig?

Camille Sei ruhig, Danton und ich sind nicht Eins.

Lucile Die Erde ist weit und es sind viel Dinge drauf, warum denn grade das eine? Wer sollte mir's nehmen? Das wäre arg. Was wollten sie auch damit anfangen?

Camille Ich wiederhole dir, du kannst ruhig sein. Gestern sprach ich mit Robespierre, er war freundlich. Wir sind ein wenig gespannt, das ist wahr, verschiedne Ansichten, sonst nichts!

Lucile Such' ihn auf.

Camille Wir saßen auf ein(er) Schulbank. Er war immer finster und einsam. Ich allein suchte ihn auf und machte ihn zuweilen lachen. Er hat mir immer große **Anhänglichkeit** gezeigt. Ich gehe.

hier: Loyalität

Lucile So schnell, mein Freund? Geh! Komm! Nur das *(sie küßt ihn)* und das! Geh! Geh! *(Camille ab)*

Lucile Das ist eine böse Zeit. Es geht einmal so. Wer kann da drüber hinaus? Man muß sich fassen. *(singt.)* Ach Scheiden, ach Scheiden, ach Scheiden
Wer hat sich das Scheiden erdacht?
Wie kommt mir gerad das in Kopf? Das ist nicht gut, daß es den Weg so von selbst findet.
Wie er hinaus ist, war mir's als könnte er nicht mehr umkehren und müsse immer weiter weg von mir, immer weiter. Wie das Zimmer so leer ist, die Fenster stehn offen, als hätte ein Toter drin gelegen. Ich halt' es da oben nicht aus. *(sie geht.)*

Vierte Szene

Freies Feld

Danton Ich mag nicht weiter. Ich mag in dieser Stille mit dem Geplauder meiner Tritte und dem Keuchen meines Atems nicht Lärmen machen. *(er setzt sich nieder, nach einer Pause.)* Man hat mir von einer Krankheit erzählt, die einem das Gedächtnis verlieren mache. Der Tod soll etwas davon haben. Dann kommt mir manchmal die Hoffnung, daß er vielleicht noch kräftiger wirke und einem A l l e s verlieren mache. Wenn das wäre! Dann lief ich wie ein Christ um meinen Feind d. h. mein Gedächtnis zu retten. Der Ort soll sicher sein, ja für mein Gedächtnis, aber nicht für mich, mir gibt das Grab mehr Sicherheit, es schafft mir wenigstens V e r g e s s e n! Es tötet mein Gedächtnis. Dort aber lebt mein Gedächtnis und tötet mich. Ich oder es? Die Antwort ist leicht. *(er erhebt sich und kehrt um.)* Ich kokettiere mit dem Tod, es ist ganz angenehm so aus der Entfernung mit dem Lorgnon mit ihm zu liebäugeln. Eigentlich muß ich über die ganze Geschichte lachen. Es ist ein Gefühl des Bleibens in mir, was mir sagt, es wird morgen sein, wie heute, und übermorgen und weiter hinaus ist Alles wie eben. Das ist leerer Lärm, man will mich schrecken, sie werden's nicht wagen. *(ab.)*

kokettiere: spiele

Lorgnon: Brillenglas an einem Stiel

Fünfte Szene

Ein Zimmer

(Es ist Nacht.)

Danton *(am Fenster.)* Will denn das nie aufhören? Wird das Licht nie ausglühn und der Schall nie modern, will's denn nie still und dunkel werden, daß wir uns die garstigen Sünden einander nicht mehr anhören und ansehen? – September! –

Julie *(ruft von innen)* Danton! Danton!

Danton He?

Julie *(tritt ein)* Was rufst du?

Danton Rief ich?

Julie Du sprachst von garstigen Sünden und dann stöhntest du: September!

Danton Ich, ich? Nein, ich sprach nicht, das dacht ich kaum, das waren nur ganz leise heimliche Gedanken.

Julie Du zitterst Danton.

Danton Und soll ich nicht zittern, wenn so die Wände plaudern? Wenn mein Leib so zerschellt ist, daß meine Gedanken unstät, umirrend mit den Lippen der Steine reden? Das ist seltsam.

Julie Georg, mein Georg!

Danton Ja Julie, das ist sehr seltsam. Ich möchte nicht mehr denken, wenn das gleich so spricht. Es gibt Gedanken Julie, für die es keine Ohren geben sollte. Das ist nicht gut, daß sie bei der Geburt gleich schreien, wie Kinder. Das ist nicht gut.

Julie Gott erhalte dir deine Sinne, Georg, Georg, erkennst du mich?

Danton Ei warum nicht, du bist ein Mensch und dann

eine Frau und endlich meine Frau, und (die Erde) hat 5 Weltteile, Europa, Asien, Afrika, Amerika, Australien und zwei mal zwei macht vier. Ich bin bei Sinnen, siehst du. Schrie's nicht September? Sagtest du nicht so was?

Julie Ja Danton, durch alle Zimmer hört' ich's.

Danton Wie ich an's Fenster kam – *(er sieht hinaus)* die Stadt ist ruhig, alle Lichter aus, …

Julie Ein Kind schreit in der Nähe.

Danton Wie ich an's Fenster kam – durch alle Gassen schrie und zetert es: September!

schimpfte

Julie Du träumtest Danton. Faß dich.

Danton Träumtest? ja ich träumte, doch das war anders, ich will dir es gleich sagen, mein armer Kopf ist schwach, gleich! so jetzt hab ich's! Unter mir keuchte die Erdkugel in ihrem Schwung, ich hatte sie wie ein wildes Roß gepackt, mit riesigen Gliedern wühlt' ich in ihrer Mähne und preßt' ich ihre Rippen, das Haupt abwärts gebückt, die Haare flatternd über dem Abgrund. So ward ich geschleift. Da schrie ich in der Angst, und ich erwachte. Ich trat an's Fenster – und da hört' ich's Julie.

Was das Wort nur will? Warum gerade das, was hab' ich damit zu schaffen. Was streckt es nach mir die blutigen Hände? Ich hab' es nicht geschlagen.

O hilf mir Julie, mein Sinn ist stumpf. War's nicht im September Julie?

Julie Die Könige waren noch 40 Stunden von Paris,

Anspielung auf die vorrückenden Koalitionsarmeen 1792

Danton Die Festungen gefallen, die Aristokraten in der Stadt,

Julie Die Republik verloren.

Danton Ja verloren. Wir konnten den Feind nicht im Rücken lassen, wir wären Narren gewesen, zwei

Er hat das Roß nicht unter Kontrolle, will es aber kontrollieren

Feinde auf einem Brett, wir oder sie, der Stärkere stößt den Schwächeren hinunter, ist das nicht billig?

Julie Ja, ja.

Danton Wir schlugen sie, das war kein Mord, das war Krieg nach innen.

Julie Du hast das Vaterland gerettet.

Danton Ja das hab' ich. Das war Notwehr, wir mußten. Der Mann am Kreuze hat sich's bequem gemacht: es muß ja Ärgernis kommen, doch wehe dem, durch welchen Ärgernis kommt. Es muß, das war dies Muß. Wer will der Hand fluchen, auf die der Fluch des Muß gefallen? Wer hat das M u ß gesprochen, wer? Was ist das, was in uns hurt, lügt, stiehlt und mordet?

Puppen sind wir von unbekannten Gewalten am Draht gezogen; nichts, nichts wir selbst! Die Schwerter, mit denen Geister kämpfen, man sieht nur die Hände nicht, wie im Märchen.

Jetzt bin ich ruhig.

Julie Ganz ruhig, lieb Herz?

Danton Ja Julie, komm, zu Bette!

Sechste Szene

Strasse vor Dantons Haus

Simon, Bürgersoldaten.

Simon Wie weit ist's in der Nacht?

1. Bürger Was in der Nacht?

Simon Wie weit ist die Nacht?

1. Bürger So weit als zwischen Sonnenuntergang und Sonnenaufgang.

Simon Schuft, wieviel Uhr?

1. Bürger Sieh' auf dein Zifferblatt; es ist die Zeit, wo die Perpendikel unter den Bettdecken ausschlagen.

Uhrpendel

Simon Wir müssen hinauf! Fort Bürger! Wir haften mit unseren Köpfen dafür. Tot oder lebendig! Er hat gewaltige Glieder. Ich werde vorangehn, Bürger. Der Freiheit eine Gasse! Sorgt für mein Weib! Eine Eichenkrone werd' ich ihr hinterlassen.

Auszeichnung für verdiente Bürger in Rom; gleichzeitig Anspielung auf die männl. Anatomie

1. Bürger Eine Eichelkron? Es sollen ihr ohnehin jeden Tag Eicheln genug in den Schoß fallen.

Simon Vorwärts Bürger, Ihr werdet Euch um das Vaterland verdient machen.

2. Bürger Ich wollte das Vaterland machte sich um uns verdient; über all den Löchern, die wir in andrer Leute Kö(r)per machen, ist noch kein einziges in unsern Hosen zugegangen.

1. Bürger Willst du, daß dir dein Hosenlatz zuginge? Hä, hä, hä.

Die Andern Hä, hä, hä.

Simon Fort, fort!

(Sie dringen in Dantons Haus.)

Siebte Szene

vgl. Mat. 4

Der Nationalkonvent

Eine Gruppe von Deputierten.

Legendre Soll denn das Schlachten der Deputierten nicht aufhören?
Wer ist noch sicher, wenn Danton fällt?

Ein Deputierter Was tun?

Ein Andrer Er muß vor den Schranken des Konvents

gehört werden. Der Erfolg dieses Mittels ist sicher, was sollten sie seiner Stimme entgegensetzen?

Ein Anderer Unmöglich, ein Dekret verhindert uns.

Verordnung behindert

Legendre Es muß zurückgenommen oder eine Ausnahme gestattet werden. Ich werde den Antrag machen. Ich rechne auf Eure Unterstützung.

Der Präsident Die Sitzung ist eröffnet.

Legendre *(besteigt die Tribüne)* Vier Mitglieder des Nationalkonvents sind verflossene Nacht verhaftet worden. Ich weiß, daß Danton einer von ihnen ist, die Namen der Übrigen kenne ich nicht. Mögen sie übrigens sein, wer sie wollen, so verlange ich, daß sie vor den Schranken gehört werden. Bürger, ich erkläre es, ich halte Danton für eben so rein, wie mich selbst und ich glaube nicht, daß mir irgend ein Vorwurf gemacht werden kann. Ich will kein Mitglied des Wohlfahrts oder des Sicherheitsausschusses angreifen, aber gegründete Ursachen lassen mich fürchten Privathaß und Privatleidenschaften könnten der Freiheit Männer entreißen, die ihr die größten Dienste erwiesen haben. Der Mann, welcher im Jahre 1792 Frankreich durch seine Energie rettete, verdient gehört zu werden, er muß sich erklären dürfen wenn man ihn des Hochverrats anklagt.

vergangene

persönliche Beweggründe

(Heftige Bewegung)

Einige Stimmen Wir unterstützen Legendres Vorschlag.

Ein Deputierter Wir sind hier im Namen des Volkes, man kann uns ohne den Willen unserer Wähler nicht von unseren Plätzen reißen.

Ein Andrer Eure Worte riechen nach Leichen, Ihr habt sie den Girondisten aus dem Mund genommen. Wollt Ihr Privilegien? Das Beil des Gesetzes schwebt über allen Häuptern.

Vorrechte

Ein Anderer Wir können unsern Ausschüssen nicht erlauben die Gesetzgeber aus dem Asyl des Gesetzes auf die Guillotine zu schicken.

[Asyl: Schutz-/Zufluchtsort für Verfolgte]

Ein Anderer Das Verbrechen hat kein Asyl, nur gekrönte Verbrechen finden eins auf dem Thron.

Ein Anderer Nur Spitzbuben appellieren an das Asylrecht.

Ein Anderer Nur Mörder erkennen es nicht an.

Robespierre Die seit langer Zeit in dieser Versammlung unbekannte Verwirrung, beweist, daß es sich um große Dinge handelt. Heute entscheidet sich's ob einige Männer den Sieg über das Vaterland davon tragen werden. Wie könnt Ihr Eure Grundsätze weit genug verläugnen, um heute einigen Individuen das zu bewilligen, was Ihr gestern Chabot, Delaunay und Fabre verweigert habt? Was soll dieser Unterschied zu Gunsten einiger Männer? Was kümmern mich die Lobsprüche, die man sich selbst und seinen Freunden spendet? Nur zu viele Erfahrungen haben uns gezeigt, was davon zu halten sei. Wir fragen nicht ob ein Mann diese oder jene patriotische Handlung vollbracht habe, wir fragen nach seiner ganzen politischen Laufbahn.

[Chabot, Delaunay und Fabre: waren in einen Aufsehen erregenden Betrugsfall verwickelt]

Legendre scheint die Namen der Verhafteten nicht zu wissen, der ganze Konvent kennt sie. Sein Freund Lacroix ist darunter. Warum scheint Legendre das nicht zu wissen? Weil er wohl weiß, daß nur die Schamlosigkeit Lacroix verteidigen kann. Er nannte nur Danton, weil er glaubt an diesen Namen knüpfe sich ein Privilegium. Nein, wir wollen keine Privilegien, wir wollen keine Götzen!

(Beifall.)

Was hat Danton vor Lafayette, vor Dumouriez, vor

[Lafayette: Seite 110]
[Dumouriez: Seite 110]

Seite 110

Brissot, Fabre, Chabot, Hebert voraus? Was sagt man von diesen, was man nicht auch von ihm sagen könnte? Habt Ihr sie gleichwohl geschont? Wodurch verdient er einen Vorzug vor seinen Mitbürgern? Etwa, weil einige betrogne Individuen und Andere, die sich nicht betrügen ließen, sich um ihn reihten um in seinem Gefolge dem Glück und der Macht in die Arme zu laufen? Je mehr er die Patrioten betrogen hat, welche Vertrauen in ihn setzten, desto nachdrücklicher muß er die Strenge der Freiheitsfreunde empfinden.
Man will Euch Furcht einflößen vor dem Mißbrauche einer Gewalt, die Ihr selbst ausgeübt habt. Man schreit über den Despotismus der Ausschüsse, als ob das Vertrauen, welches das Volk Euch geschenkt und das Ihr diesen Ausschüssen übertragen habt, nicht eine sichre Garantie ihres Patriotismus wäre. Man stellt sich, als zittre man. Aber ich sage Euch, wer in diesem Augenblicke zittert ist schuldig, denn nie zittert die Unschuld vor der öffentlichen Wachsamkeit. *(allgemeiner Beifall.)*
Man hat auch mich schrecken wollen, man gab mir zu verstehen, daß die Gefahr, indem sie sich Danton nähere, auch bis zu mir dringen könne.
Man schrieb mir, Dantons Freunde hielten mich umlagert in der Meinung die Erinnerung an eine alte Verbindung, der blinde Glauben an erheuchelte Tugenden könnten mich bestimmen meinen Eifer und meine Leidenschaft für die Freiheit zu mäßigen. So erkläre ich denn, nichts soll mich aufhalten, und sollte auch Dantons Gefahr die meinige werden. Wir Alle haben etwas Mut und etwas Seelengröße nötig. Nur Verbrecher und gemeine Seelen fürchten Ihres-

gleichen an ihrer Seite fallen zu sehen, weil sie, wenn keine Schar von Mitschuldigen sie mehr versteckt, sich dem Licht der Wahrheit ausgesetzt sehen. Aber wenn es dergleichen Seelen in dieser Versammlung gibt, so gibt es in ihr auch heroische. Die Zahl der Schurken ist nicht groß. Wir haben nur wenige Köpfe zu treffen und das Vaterland ist gerettet. *(Beifall)*

heroische: heldenhafte

Ich verlange, daß Legendres Vorschlag zurückgewiesen werde. *(Die Deputierten erheben sich sämtlich zum Zeichen allgemeiner Beistimmung.)*

St. Just Es scheint in dieser Versammlung einige empfindliche Ohren zu geben, die das Wort Blut nicht wohl vertragen können. Einige allgemeine Betrachtungen mögen sie überzeugen, daß wir nicht grausamer sind als die Natur und als die Zeit. Die Natur folgt ruhig und unwiderstehlich ihren Gesetzen, der Mensch wird vernichtet, wo er mit ihnen in Konflikt kommt. Eine Veränderung in den Bestandteilen der Luft, ein Auflodern des tellurischen Feuers, ein Schwanken in dem Gleichgewicht einer Wassermasse und eine Seuche, ein vulkanischer Ausbruch, eine Überschwemmung begraben Tausende. Was ist das Resultat? Eine unbedeutende, im großen Ganzen kaum bemerkbare Veränderung der physischen Natur, die fast spurlos vorübergegangen sein würde, wenn nicht Leichen auf ihrem Wege lägen.

Analogie-Argument von St. Just (google) · biblische Analogie ·

tellurischen: aus der Erde kommend

der physischen Natur: der stofflichen Natur

Ich frage nun: soll die moralische Natur in ihren Revolutionen mehr Rücksicht nehmen, als die physische? Soll eine Idee nicht eben so gut wie ein Gesetz der Physik vernichten dürfen, was sich ihr widersetzt? Soll überhaupt ein Ereignis, was die ganze Gestaltung der moralischen Natur d. h. der Menschheit umändert, nicht durch Blut gehen dürfen? Der

Weltgeist bedient sich in der geistigen Sphäre unserer Arme eben so, wie er in der physischen Vulkane oder Wasserfluten gebraucht. Was liegt daran ob sie nun an einer Seuche oder an der Revolution sterben? –

Die Schritte der Menschheit sind langsam, man kann sie nur nach Jahrhunderten zählen, hinter jedem erheben sich die Gräber von Generationen. Das Gelangen zu den einfachsten Erfindungen und Grundsätzen hat Millionen das Leben gekostet, die auf dem Wege starben. Ist es denn nicht einfach, daß zu einer Zeit, wo der Gang der Geschichte rascher ist, auch mehr Menschen außer Atem kommen?

Wir schließen schnell und einfach: da Alle unter gleichen Verhältnissen geschaffen werden, so sind Alle gleich, die Unterschiede abgerechnet, welche die Natur selbst gemacht hat. Es darf daher jeder Vorzüge und darf daher Keiner Vorrechte haben, weder ein Einzelner, noch eine geringere oder größere Klasse von Individuen. Jedes Glied dieses in der Wirklichkeit angewandten Satzes hat seine Menschen getötet. Der 14. Juli, der 10. August, der 31. Mai sind seine Interpunktionszeichen. Er hatte 4 Jahre Zeit nötig um in der Körperwelt durchgeführt zu werden, und unter gewöhnlichen Umständen hätte er ein Jahrhundert dazu gebraucht und wäre mit Generationen interpunktiert worden. Ist es da so zu verwundern, daß der Strom der Revolution bei jedem Absatz bei jeder neuen Krümmung seine Leichen ausstößt?

Klasse: hier: Gruppe

14. Juli: die Revolution begann mit dem Sturm auf die Bastille am 14. Juli 1789; vgl. Mat. 1

Interpunktionszeichen: Satzzeichen

Wir werden unserm Satze noch einige Schlüsse hinzuzufügen haben, sollen einige Hundert Leichen uns verhindern sie zu machen?

Moses führte sein Volk durch das rote Meer und in die Wüste bis die alte verdorbne Generation sich

aufgerieben hatte, eh' er den neuen Staat gründete. Gesetzgeber! Wir haben weder das rote Meer noch die Wüste aber wir haben den Krieg und die Guillotine.
Die Revolution ist wie die Töchter des Pelias; sie zerstückt die Menschheit um sie zu verjüngen. Die Menschheit wird aus dem Blutkessel wie die Erde aus den Wellen der Sündflut mit urkräftigen Gliedern sich erheben, als wäre sie zum Erstenmale geschaffen. *(Langer, anhaltender Beifall. Einige Mitglieder erheben sich im Enthusiasmus.)*

Seite 110

Sintflut

St. Just Alle geheimen Feinde der Tyrannei, welche in Europa und auf dem ganzen Erdkreise den Dolch des Brutus unter ihren Gewändern tragen, fordern wir auf diesen erhabenen Augenblick mit uns zu teilen. *(Die Zuhörer und die Deputierten stimmen d. Marseillaise an.)*

frz. Nationalhymne

Dritter Akt

Erste Szene

Das Luxemburg.
Ein Saal mit Gefangnen

Schloss in Paris, während der Revolution zum Gefängnis umfunktioniert

Chaumette, Payne, Mercier, Hérault de Séchelles und andre Gefangne.

Chaumette *(zupft Payne am Ärmel)* Hören Sie Payne es könnte doch so sein, vorhin überkam es mich so; ich habe heute Kopfweh, helfen Sie mir ein wenig mit Ihren Schlüssen, es ist mir ganz unheimlich zu Mut.

griechischer Philosoph hier: spöttische Anrede für Chaumette

Religionsunterricht erteilen

lat.: Was zu beweisen war (Schlusssatz eines mathematischen Beweises).

Payne So komm Philosoph Anaxagoras ich will dich katechisieren. Es gibt keinen Gott, denn entweder hat Gott die Welt geschaffen oder nicht. Hat er sie nicht geschaffen so hat die Welt ihren Grund in sich und es gibt keinen Gott, da Gott nur dadurch Gott wird, daß er den Grund alles Seins enthält. – Nun kann aber Gott die Welt nicht geschaffen haben, denn entweder ist die Schöpfung ewig wie Gott, oder sie hat einen Anfang. Ist Letzteres der Fall so muß Gott sie zu einem bestimmten Zeitpunkt geschaffen haben, Gott muß also nach dem er eine Ewigkeit geruht einmal tätig geworden sein, muß also einmal eine Veränderung in sich erlitten haben, die den Begriff Zeit auf ihn anwenden läßt, was Beides gegen das Wesen Gottes streitet. Gott kann also die Welt nicht geschaffen haben. Da wir nun aber sehr deutlich wissen, daß die Welt oder daß unser Ich wenigstens vorhanden ist und daß sie dem Vorhergehenden nach also auch ihren Grund in sich oder in etwas haben muß, das nicht Gott ist, so kann es keinen Gott geben. quod erat demonstrandum.

Chaumette Ei wahrhaftig, das gibt mir wieder Licht, ich danke, danke.

Mercier Halten Sie, Payne, wenn aber die Schöpfung ewig ist?

Eigenschaft, Kennzeichen

niederländischer Philosoph (*1632, †1677)

Geschlechtskrankheit

Payne Dann ist sie schon keine Schöpfung mehr, dann ist sie Eins mit Gott oder ein Attribut desselben, wie Spinoza sagt, dann ist Gott in Allem, in Ihnen Wertester, im Philosoph Anaxagoras und in mir; das wäre so übel nicht, aber Sie müssen mir zugestehen daß es gerade nicht viel um die himmlische Majestät ist, wenn der liebe Herrgott in jedem von uns Zahnweh kriegen, den Tripper haben, lebendig begraben werden oder wenigstens die sehr unangenehmen Vorstellungen davon haben kann.

Mercier Aber eine Ursache muß doch da sein.

Payne Wer leugnet dies; aber wer sagt Ihnen denn, daß diese Ursache das sei, was wir uns als Gott d. h. als das Vollkommne denken. Halten sie die Welt für vollkommen?

Mercier Nein.

Payne Wie wollen Sie denn aus einer unvollkomm(n)en Wirkung auf eine vollkommne Ursache schließen? Voltaire wagte es eben so wenig mit Gott, als mit Seite 111 den Königen zu verderben, deswegen tat er es. Wer einmal nichts hat als Verstand und ihn nicht einmal konsequent zu gebrauchen weiß oder wagt, ist ein Stümper.

Mercier Ich frage dagegen kann eine vollkommne Ursache eine vollkommne Wirkung haben d. h. kann etwas Vollkommnes, was Vollkommnes schaffen? Ist das nicht unmöglich, weil das Geschaffne doch nie seinen Grund in sich haben kann, was doch wie sie sagten zur Vollkommenheit gehört?

Chaumette Schweigen Sie! Schweigen Sie!

Payne Beruhige dich Philosoph. Sie haben Recht; aber muß denn Gott einmal schaffen, kann er nur was Unvollkommnes schaffen, so läßt er es gescheuter (gescheiter) ganz bleiben. Ist's nicht sehr menschlich, uns Gott nur als schaffend denken zu können? Weil wir uns immer regen und schütteln müssen um uns nur immer sagen zu können: wir sind! müssen wir Gott auch dies elende Bedürfnis andichten? Müssen wir, wenn sich unser Geist in das Wesen einer harmonisch in sich ruhenden, ewigen Seligkeit versenkt, gleich annehmen sie müsse die Finger ausstrecken und über Tisch Brodmännchen kneten? Aus überschwenglichem Liebesbedürfnis, wie wir uns ganz geheimnisvoll in die Ohren sagen. Müssen wir das Alles, bloß um uns zu Göttersöhnen zu machen? Ich nehme mit einem geringern Vater vorlieb, wenigstens werd' ich ihm nicht nachsagen können, daß er mich unter seinem Stande in Schweinställen oder auf den Galeeren habe erziehen lassen.

Schafft das Unvollkommne weg, dann allein könnt Ihr Gott demonstrieren, Spinoza hat es versucht. Man kann das Böse leugnen, aber nicht den Schmerz; nur der Verstand kann Gott beweisen das Gefühl empört sich dagegen. Merke dir es, Anaxagoras, warum leide ich? Das ist der Fels des Atheismus. Das leiseste Zucken des Schmerzes und rege es sich nur in einem Atom, macht einen Riß in der Schöpfung von oben bis unten.

kundtun

Weltanschauung, die die Existenz Gottes verneint

Mercier Und die Moral?

Payne Erst beweist Ihr Gott aus der Moral und dann die Moral aus Gott. Was wollt Ihr denn mit Eurer Moral? Ich weiß nicht ob es an und für sich was Böses oder was Gutes gibt, und habe deswegen doch nicht nötig mein(e) Handlungsweise zu ändern. Ich handle meiner Natur gemäß, was ihr angemessen, ist für mich gut und ich tue es und was ihr zuwider, ist für mich bös und ich tue es nicht und verteidige mich dagegen, wenn es mir in den Weg kommt. Sie können, wie man so sagt, tugendhaft bleiben und sich gegen das sogenannte Laster wehren, ohne deswegen ihre Gegner verachten zu müssen, was ein gar trauriges Gefühl ist.

Chaumette Wahr, sehr wahr!

Herault O Philosoph Anaxagoras, man könnte aber

auch sagen, damit Gott Alles sei, müsse er auch sein eignes Gegenteil sein, d. h. vollkommen und unvollkommen, bös und gut, selig und leidend, das Resultat freilich würde gleich Null sein, es würde sich gegenseitig heben, wir kämen zum Nichts. Freue dich, du kömmst glücklich durch, du kannst ganz ruhig in Madame Momoro das Meisterstück der Natur anbeten, wenigstens hat sie dir die Rosenkränze dazu in den Leisten gelassen.

Chaumette Ich danke Ihnen verbindlichst, meine Herren.

(ab)

Payne Er traut noch nicht, er wird sich zu guter Letzt noch die Ölung geben, die Füße nach Mecca zu legen, und sich beschneiden lassen um ja keinen Weg zu verfehlen.

Danton, Lacroix, Camille, Philippeau, werden hereingeführt.

Herault *(läuft auf Danton zu und umarmt ihn.)* Guten Morgen, gute Nacht sollte ich sagen. Ich kann nicht fragen, wie hast du geschlafen. Wie wirst du schlafen?

Danton Nun gut, man muß lachend zu Bett gehen.

Mercier *(zu Payne)* Diese Dogge mit Taubenflügeln! Er ist der böse Genius der Revolution, er wagte sich an seine Mutter, aber sie war stärker als er.

Payne Sein Leben und sein Tod sind ein gleich großes Unglück.

Lacroix *(zu Danton)* Ich dachte nicht, daß sie so schnell kommen würden.

Danton Ich wußt' es, man hatte mich gewarnt.

Lacroix Und du hast nichts gesagt?

Danton Zu was? Ein Schlagfluß ist der beste Tod, wolltest du zuvor krank sein? Und – ich dachte nicht, daß

hier: aufheben

schöne Schauspielerin, deren Ehemann mit Hébert hingerichtet wurde

hier: die bei Syphilis geschwollenen Lymphknoten

Geist

Schlaganfall

sie es wagen würden *(zu Herault.)* Es ist besser sich in die Erde zu legen, als sich Leichdörner auf ihr laufen; ich habe sie lieber zum Kissen, als zum Schemel.

Hühneraugen

Herault Wir werden wenigstens nicht mit Schwielen an den Fingern der hübschen Dame Verwesung die Wangen streicheln.

Camille *(zu Danton)* Gib dir nur keine Mühe. Du magst die Zunge noch so weit zum Hals heraushängen, du kannst dir damit doch nicht den Todesschweiß von der Stirne lecken. O Lucile! das ist ein großer Jammer.

(Die Gefangenen drängen sich um die neu Angekommnen.)

Danton *(zu Payne)* Was Sie für das Wohl Ihres Landes getan, habe ich für das meinige versucht. Ich war weniger glücklich, man schickt mich auf's Schafott, meintwegen, ich werde nicht stolpern.

Mercier *(zu Danton)* Das Blut der zwei und zwanzig ersäuft dich.

Anspielung auf zuerst aus dem Konvent ausgeschlossene, später hingerichtete, Girondisten

Ein Gefangen(er) *(zu Herault)* Die Macht des Volkes und die Macht der Vernunft sind eins.

Ein Andrer *(zu Camille)* Nun Generalprokurator der Laterne, deine Verbesserung der Straßenbeleuchtung hat in Frankreich nicht heller gemacht.

Hauptverwalter

Ein Andrer Laßt ihn! Das sind die Lippen, welche das Wort Erbarmen gesprochen. *(er umarmt Camille, mehrere Gefangne folgen seinem Beispiel.)*

Philippeau Wir sind Priester, die mit Sterbenden gebetet haben, wir sind angesteckt worden und sterben an der nemlichen Seuche.

Einige Stimmen Der Streich, der Euch trifft, tötet uns Alle.

Camille Meine Herren ich beklage sehr, daß unsere

Anstrengungen so fruchtlos waren, ich gehe auf's Schafott, weil mir die Augen über das Los einiger Unglücklichen naß geworden.

Schicksal

Zweite Szene

Ein Zimmer

Fouquier-Tinville, Herrmann.

Fouquier Alles bereit?

Herrmann Es wird schwer halten; wäre Danton nicht darunter, so ginge es leicht.

Fouquier Er muß vortanzen.

Herrmann Er wird die Geschwornen erschrecken; er ist die Vogelscheuche der Revolution.

Fouquier Die Geschwornen müssen wollen.

Herrmann Ein Mittel wüßt' ich, aber es wird die gesetzliche Form verletzen.

Fouquier Nur zu.

Herrmann Wir losen nicht, sondern suchen die Handfesten aus.

Skrupellosen

Fouquier Das muß gehen. Das wird ein gutes Heckefeuer geben. Es sind ihrer neunzehn. Sie sind geschickt zusammengewörfelt. Die vier Fälscher, dann einige Banquiers und Fremde. Es ist ein pikantes Gericht. Das Volk braucht dergleichen. Also zuverlässige Leute! Wer z. B.?

Schießen aus dem Hinterhalt; hier: gleichzeitige Verurteilung einer Gruppe

Herrmann Leroi, er ist taub und hört daher nichts von All dem, was die Angeklagten vorbringen, Danton mag sich den Hals bei ihm rauh schreien.

Fouquier Sehr gut. Weiter!

Herrmann Vilatte und Lumière, der eine sitzt immer in

der Trinkstube und der andere schläft immer, beide öffnen den Mund nur, um das Wort: schuldig! zu sagen.

Girard hat den Grundsatz, es dürfe Keiner entwischen, der einmal vor das Tribunal gestellt sei. Renaudin,

Gericht

Geistliche

Fouquier Auch der? Er half einmal einigen Pfaffen durch.

Herrmann Sei ruhig, vor einigen Tagen kommt er zu mir und verlangt man solle allen Verurteilten vor der Hinrichtung zur Ader lassen um sie ein wenig matt zu machen, ihre meist trotzige Haltung ärgere ihn.

Fouquier Ach sehr gut. Also ich verlasse mich.

Herrmann Laß mich nur machen.

Dritte Szene

Untersuchungsgefängnis

(Die Conciergerie).

Ein Korridor

Lacroix, Danton, Mercier und andre Gefangne auf und ab gehend.

Lacroix *(zu einem Gefangnen.)* Wie, so viel Unglückliche, und in einem so elenden Zustande?

D Gefangne Haben Ihnen die Guillotinenkarren nie gesagt, daß Paris eine Schlachtbank sei?

überzeugt die Bevölkerung von der Idee der Republik

Ränge im Theater

Mercier Nicht wahr, Lacroix? Die Gleichheit schwingt ihre Sichel über allen Häuptern, die Lava der Revolution fließt, die Guillotine republikanisiert! Da klatschen die Galerien und die Römer reiben sich die Hände, aber sie hören nicht, daß jedes dieser Worte das Röcheln eines Opfers ist. Geht einmal Euren

Phrasen nach, bis zu dem Punkt wo sie verkörpert werden.
Blickt um Euch, das Alles habt Ihr gesprochen, es ist eine mimische Übersetzung Eurer Worte. Diese Elenden, ihre Henker und die Guillotine sind Eure lebendig gewordnen Reden. Ihr bautet eure Systeme, wie Bajazet seine Pyramiden, aus Menschenköpfen.

[mimische: die Mimik und Gebärden betreffende]
[Bajazet: osmanischer Sultan]

Danton Du hast Recht.
Man arbeitet heut zu Tag Alles in Menschenfleisch. Das ist der Fluch unserer Zeit. Mein Leib wird jetzt auch verbraucht.
Es ist jetzt ein Jahr, daß ich das Revolutionstribunal schuf. Ich bitte Gott und Menschen dafür um Verzeihung, ich wollte neuen Septembermorden zuvorkommen, ich hoffte die Unschuldigen zu retten, aber dies langsame Morden mit seinen Formalitäten ist gräßlicher und eben so unvermeidlich. Meine Herren ich hoffte Sie Alle diesen Ort verlassen zu machen.

[Septembermorden: Seite 108]

Mercier Oh, herausgehen werden wir.

Danton Ich bin jetzt bei Ihnen, der Himmel weiß wie das enden soll.

Vierte Szene

Das Revolutionstribunal

Herrmann *(zu Danton.)* Ihr Name, Bürger.

Danton Die Revolution nennt meinen Namen. Meine Wohnung ist bald im Nichts und mein Namen im Pantheon der Geschichte.

[Pantheon: Seite 111]

Herrmann Danton, der Konvent beschuldigt Sie mit Mirabeau, mit Dumouriez, mit Orleans, mit den

[Mirabeau, Dumouriez, Orleans: Seite 111]

Sohn Ludwigs XVI., in dem die Anhänger der Monarchie (nach der Hinrichtung seines Vaters) den neuen König sahen

eine Verschwörung angezettelt

Girondisten, den Fremden und der Faktion Ludwig des 17. konspiriert zu haben.

Danton Meine Stimme, die ich so oft für die Sache des Volkes ertönen ließ, wird ohne Mühe die Verläumdung zurückweisen. Die Elenden, welche mich anklagen, mögen hier erscheinen und ich werde sie mit Schande bedecken. Die Ausschüsse mögen sich hierher begeben, ich werde nur vor ihnen antworten. Ich habe sie als Kläger und als Zeugen nötig. Sie mögen sich zeigen.
Übrigens, was liegt mir an Euch und Eurem Urteil. Ich hab' es Euch schon gesagt das Nichts wird bald mein Asyl sein – das Leben ist mir zur Last, man mag mir es entreißen, ich sehne mich danach es abzuschütteln.

Herrmann Danton, die Kühnheit ist dem Verbrechen, die Ruhe der Unschuld eigen.

Danton Privatkühnheit ist ohne Zweifel zu tadeln, aber jene Nationalkühnheit, die ich so oft gezeigt, mit welcher ich so oft für die Freiheit gekämpft habe, ist die verdienstvollste aller Tugenden. Sie ist meine Kühnheit, sie ist es, der ich mich hier zum Besten der Republik gegen meine erbärmlichen Ankläger bediene. Kann ich mich fassen, wenn ich mich auf eine so niedrige Weise verläumdet sehe?
Von einem Revolutionär, wie ich darf man keine kalte Verteidigung erwarten. Männer meines Schlages sind in Revolutionen unschätzbar, auf ihrer Stirne schwebt das Genie der Freiheit.
(Zeichen von Beifall unter den Zuhörern.)
Mich klagt man an mit Mirabeau, mit Dumouriez, mit Orleans konspiriert, zu den Füßen elender Despoten gekrochen zu haben, mich fordert man auf vor

der unentrinnbaren, unbeugsamen Gerechtigkeit zu antworten.
Du elender St. Just wirst der Nachwelt für diese Lästerung verantwortlich sein!

Herrmann Ich fordere Sie auf mit Ruhe zu antworten, gedenken Sie Marats, er trat mit Ehrfurcht vor seine Richter.

Danton Sie haben die Hände an mein ganzes Leben gelegt, so mag es sich denn aufrichten und ihnen entgegentreten, unter dem Gewichte jeder meiner Handlungen werde ich sie begraben.
Ich bin nicht stolz darauf. Das Schicksal führt uns die Arme, aber nur gewaltige Naturen sind seine Organe. Ich habe auf dem Marsfelde dem Königtume den Krieg erklärt, ich habe es am 10. August geschlagen, ich habe es am 21. Januar getötet und den Königen einen Königskopf als Fehdehandschuh hingeworfen. *(Wiederholte Zeichen von Beifall) (Er nimmt die Anklageakte)* Wenn ich einen Blick auf diese Schandschrift werfe fühle ich mein ganzes Wesen beben. Wer sind denn die, welche Danton nötigen mußten sich an jenem denkwürdigen Tag (d. 10. August) zu zeigen? Wer sind denn die privilegierten Wesen, von denen er seine Energie borgte? Meine Ankläger mögen erscheinen! Ich bin ganz bei Sinnen, wenn ich es verlange. Ich werde die platten Schurken entlarven und sie in das Nichts zurückschleudern, aus dem sie nie hätten hervorkriechen sollen.

Exerzierplatz in Paris, Ort der Unterschriftensammlung zur Absetzung des Königs

21. Januar 1793: Hinrichtung Ludwig XVI

Mitteilung einer Feindseligkeit

dummen

Herrmann *(schellt.)* Hören Sie die Klingel nicht?

Danton Die Stimme eines Menschen, welcher seine Ehre und sein Leben verteidigt, muß deine Schelle überschreien.
Ich habe im September die junge Brut der Revolution

Glocke

gefüttert

gemeint sind die Adligen

auf das Gewehr aufgesetzte Stichwaffen

mit den zerstückten Leibern der Aristokraten geätzt. Meine Stimme hat aus dem Golde der Aristokraten und Reichen dem Volke Waffen geschmiedet. Meine Stimme war der Orkan, welcher die Satelliten des Despotismus unter Wogen von Bajonetten begrub. *(Lauter Beifall.)*

Herrmann Danton, Ihre Stimme ist erschöpft, Sie sind zu heftig bewegt. Sie werden das Nächstemal Ihre Verteidigung beschließen. Sie haben Ruhe nötig. Die Sitzung ist aufgehoben.

Danton Jetzt kennt Ihr Danton; noch wenige Stunden und er wird in den Armen des Ruhmes entschlummern.

Fünfte Szene

Das Luxemburg. Ein Kerker

Dillon, Laflotte, ein Gefangenwärter.

Dillon Kerl leuchte mir mit deiner Nase nicht so in's Gesicht. Hä, hä, hä!

Laflotte Halte den Mund zu, deine Mondsichel hat einen Hof. Hä, hä, hä.

Wärter Hä, hä, hä. Glaubt Ihr, Herr, daß Ihr bei ihrem Schein lesen könntet? *(zeigt auf einen Zettel, den er in der Hand hält.)*

Dillon Gib her!

Wärter Herr, meine Mondsichel hat Ebbe bei mir gemacht.

Laflotte Deine Hosen sehen aus, als ob Flut wäre.

Wärter Nein, sie zieht Wasser. *(zu Dillon.)* Sie hat sich vor Eurer Sonne verkrochen, Herr, Ihr müßt mir was geben, das sie wieder feurig macht, wenn Ihr dabei lesen wollt.

Dillon Da Kerl! Pack dich. *(er gibt ihm Geld. Wärter ab.)*

Dillon *(liest.)* Danton hat das Tribunal erschreckt, die Geschwornen schwanken, die Zuhörer murrten. Der Zudrang war außerordentlich. Das Volk drängte sich um den Justizpalast und stand bis zu den Brücken. Eine Hand voll Geld, ein Arm endlich, hm! hm! *(er geht auf und ab und schenkt sich von Zeit zu Zeit aus einer Flasche ein.)* Hätt' ich nur den Fuß auf der Gasse. Ich werde mich nicht so schlachten lassen. Ja, nur den Fuß auf der Gasse!

Laflotte Und auf dem Karren, das ist eins.

Dillon Meinst du? Da lägen noch ein Paar Schritte dazwischen, lang genug um sie mit den Leichen der Decemvirn zu messen. – Es ist endlich Zeit, daß die rechtschaffnen Leute das Haupt erheben.

Laflotte *(für sich)* Desto besser, um so leichter ist es zu treffen. Nur zu Alter, noch einige Gläser und ich werde flott.

Dillon Die Schurken, die Narren sie werden sich zuletzt noch selbst guillotinieren. *(er läuft auf und ab.)*

Laflotte *(bei Seite.)* Man könnte das Leben ordentlich wieder lieb haben, wie sein Kind, wenn man sich's selbst gegeben. Das kommt gerade nicht oft vor, daß man so mit dem Zufall Blutschande treiben und sein eigner Vater werden kann. Vater und Kind zugleich. Ein behaglicher Oedipus!

Inzest

Seite 111

Dillon Man füttert das Volk nicht mit Leichen, Dantons und Camilles Weiber mögen Assignaten unter das Volk werfen, das ist besser als Köpfe.

Papiergeld

Laflotte Ich würde mir hintennach die Augen nicht

ausreißen, ich könnte sie nötig haben um den guten General zu beweinen.

Dillon Die Hand an Danton! Wer ist noch sicher? Die Furcht wird sie vereinigen.

Laflotte Er ist doch verloren. Was ist's denn, wenn ich auf eine Leiche trete um aus dem Grab zu klettern?

aufbrechen

Dillon Nur den Fuß auf der Gasse! Ich werde Leute genug finden, alte Soldaten, Girondisten, Exadlige, wir erbrechen die Gefängnisse, wir müssen uns mit den Gefangnen verständigen.

Laflotte Nun freilich, es riecht ein wenig nach Schufterei. Was tut's? Ich hätte Lust auch das zu versuchen, ich war bisher zu einseitig. Man bekommt Gewissensbisse, das ist doch eine Abwechslung, es ist nicht so unangenehm seinen eignen Gestank zu riechen. Die Aussicht auf die Guillotine ist mir langweilig geworden, so lang auf die Sache zu warten! Ich habe sie im Geist schon zwanzigmal durchprobiert. Es ist auch gar nichts Pikantes mehr dran; es ist ganz gemein geworden.

Zettelchen

Dillon Man muß Dantons Frau ein Billet zukommen lassen.

sechzigster Teil einer Sekunde

Laflotte Und dann – ich fürchte den Tod nicht, aber den Schmerz. Es könnte wehe tun, wer steht mir dafür? Man sagt zwar es sei nur ein Augenblick, aber der Schmerz hat ein feineres Zeitmaß, er zerlegt eine Tertie. Nein! Der Schmerz ist die einzige Sünde und das Leiden ist das einzige Laster, ich werde tugendhaft bleiben.

Dillon Höre Laflotte, wo ist der Kerl hingekommen? Ich habe Geld, das muß gehen, wir müssen das Eisen schmieden, mein Plan ist fertig.

Laflotte Gleich, gleich! Ich kenne den Schließer, ich

werde mit ihm sprechen. Du kannst auf mich zählen General, wir werden aus dem Loch kommen, *(für sich im Hinausgehn)* um in ein anderes zu gehen, ich in das weiteste, die Welt, er in das engste, das Grab.

Sechste Szene

Der Wohlfahrtsausschuß

St. Just, Barrère, Collot d'Herbois, Billaud-Varennes.

Barrère Was schreibt Fouquier?

St. Just Das zweite Verhör ist vorbei. Die Gefangnen verlangen das Erscheinen mehrerer Mitglieder des Konvents und des Wohlfahrtsausschusses, sie appellierten an das Volk, wegen Verweigerung der Zeugen. Die Bewegung der Gemüter soll unbeschreiblich sein. Danton parodierte den Jupiter und schüttelte die Locken.

Jupiter: höchster Gott der Römer

Collot Um so leichter wird ihn Samson daran packen.

Samson: Scharfrichter

Barrère Wir dürfen uns nicht zeigen, die Fischweiber und die Lumpensammler, könnten uns weniger imposant finden.

Billaud Das Volk hat einen Instinkt sich treten zu lassen und wäre es nur mit Blicken, dergleichen insolente Physiognomien gefallen ihm. Solche Stirnen sind ärger als ein adliges Wappen, die feine Aristokratie der Menschenverachtung sitzt auf ihnen. Es sollte sie jeder einschlagen helfen, den es verdrießt einen Blick von oben herunter zu erhalten.

insolente Physiognomien: unverschämte Gesichter

Barrère Er ist wie der hörnerne Siegfried, das Blut der Septembrisierten hat ihn unverwundbar gemacht. Was sagt Robespierre?

hörnerne Siegfried: Seite 111

Septembrisierten: die Opfer der Septembermorde (1792)

St. Just Er tut als ob er etwas zu sagen hätte. Die Geschwornen müssen sich für hinlänglich unterrichtet erklären und die Debatten schließen.

Barrère Unmöglich, das geht nicht.

St. Just Sie müssen weg, um jeden Preis und sollten wir sie mit den eignen Händen erwürgen. Wagt! Danton soll uns das Wort nicht umsonst gelehrt haben. Die Revolution wird über ihre Leichen nicht stolpern, aber bleibt Danton am Leben, so wird er sie am Gewand fassen und er hat etwas in seiner Gestalt, als ob er die Freiheit notzüchtigen könnte.

notzüchtigen: vergewaltigen

(St. [Just] wird hinausgerufen.)

Ein Schließer tritt ein.

Schließer In St. Pelagie liegen Gefangne am Sterben, sie verlangen einen Arzt.

St. Pelagie: Kloster in Paris, während der Revolution zum Gefängnis umfunktioniert

Billaud Das ist unnötig, so viel Mühe weniger für den Scharfrichter.

Schließer Es sind schwangere Weiber dabei.

Billaud Desto besser, da brauchen ihre Kinder keinen Sarg.

Barrère Die Schwindsucht eines Aristokraten spart dem Revolutionstribunal eine Sitzung. Jede Arznei wäre kontrerevolutionär.

Schwindsucht: Lungentuberkulose

kontrerevolutionär: gegen die Revolution

Collot *(nimmt ein Papier)* Eine Bittschrift, ein Weibername!

Barrère Wohl eine von denen, die gezwungen sein möchten zwischen einem Guillotinenbrett und dem Bett eines Jakobiners zu wählen. Die wie Lucrecia nach dem Verlust ihrer Ehre sterben, aber etwas später als die Römerin, im Kindbett, oder am Krebs oder aus Altersschwäche. Es mag nicht so unangenehm sein einen Tarquinius aus der Tugendrepublik einer Jungfrau zu treiben.

Tarquinius: vgl. Lucrecia, Seite 108

Collot Sie ist zu alt. Madame verlangt den Tod, sie weiß sich auszudrücken, das Gefängnis liege auf ihr wie ein Sargdeckel. Sie sitzt erst seit vier Wochen. Die Antwort ist leicht. *(er schreibt und liest.)* Bürgerin, es ist noch nicht lange genug, daß du den Tod wünschest.

Barrère Gut gesagt. Aber Collot es ist nicht gut, daß die Guillotine zu lachen anfängt, die Leute haben sonst keine Furcht mehr davor. Man muß sich nicht so familiär machen.

(St. Just, kommt zurück.)

St. Just Eben erhalte ich eine Denunziation. Man konspiriert in den Gefängnissen, ein junger Mensch Namens Laflotte hat Alles entdeckt. Er saß mit Dillon im nämlichen Zimmer, Dillon hat getrunken und geplaudert.

Anzeige

Barrère Er schneidet sich mit seiner Bouteille den Hals ab, das ist schon mehr vorgekommen.

frz.: Flasche

St. Just Dantons und Camilles Weiber sollen Geld unter das Volk werfen, Dillon soll ausbrechen, man will die Gefangnen befreien, der Konvent soll gesprengt werden.

Barrère Das sind Märchen.

St. Just Wir werden sie aber mit dem Märchen in Schlaf erzählen. Die Anzeige habe ich in Händen, dazu die Keckheit der Angeklagten, das Murren des Volks, die Bestürzung der Geschwornen, ich werde einen Bericht machen.

Barrère Ja, geh St. Just und spinne deine Perioden, worin jedes Komma ein Säbelhieb und jeder Punkt ein abgeschlagner Kopf ist.

kunstvoll gegliederte Sätze

St. Just Der Konvent muß dekretieren, das Tribunal solle ohne Unterbrechung den Prozeß fortführen und dürfe jeden Angeklagten, welcher die dem Gerichte

eine Verfügung anordnen

schuldige Achtung verletzte oder störende Auftritte veranlaßte von den Debatten ausschließen.

Barrère Du hast einen revolutionären Instinkt, das lautet ganz gemäßigt und wird doch seine Wirkung tun. Sie können nicht schweigen, Danton muß schreien.

St. Just Ich zähle auf eure Unterstützung. Es gibt Leute im Konvent, die eben so krank sind wie Danton und welche die nemliche Kur fürchten. Sie haben wieder Mut bekommen, sie werden über Verletzung der Formen schreien,

Behandlung

Barrère *(ihn unterbrechend)* Ich werde ihnen sagen: zu Rom wurde der Konsul, welcher die Verschwörung des Catilina entdeckte und die Verbrecher auf der Stelle mit dem Tod bestrafte, der verletzten Förmlichkeit angeklagt. Wer waren seine Ankläger?

oberster Beamter Roms

Seite 109

Collot *(mit Pathos.)* Geh St. Just. Die Lava der Revolution fließt. Die Freiheit wird die Schwächlinge, welche ihren mächtigen Schoß befruchten wollten, in ihren Umarmungen ersticken, die Majestät des Volks wird ihnen wie Jupiter der Semele unter Donner und Blitz erscheinen und sie in Asche verwandeln. Geh St. Just wir werden dir helfen den Donnerkeil auf die Häupter der Feiglinge zu schleudern.
(St. Just ab.)

Figur der griech. Mythologie: Geliebte des Zeus und Mutter des Dionysos

Barrère Hast du das Wort Kur gehört? Sie werden noch aus der Guillotine ein specificum gegen die Lustseuche machen. Sie kämpfen nicht mit den Moderierten, sie kämpfen mit dem Laster.

Medikament gegen Geschlechtskrankheit

Gemäßigten

Billaud Bis jetzt geht unser Weg zusammen.

Barrère Robespierre will aus der Revolution einen Hörsaal für Moral machen und die Guillotine als Katheder gebrauchen.

Lehrstuhl, Pult

Billaud Oder als Betschemel.

Collot Auf dem er aber alsdann nicht stehen, sondern liegen soll.

Barrère Das wird leicht gehen. Die Welt müßte auf dem Kopf stehen, wenn die sogenannten Spitzbuben von den sogenannten rechtlichen Leuten gehängt werden sollten.

Collot *(zu Barrère.)* Wann kommst du wieder nach Clichy?

Stadt, nordwestlich von Paris

Barrère Wenn der Arzt nicht mehr zu mir kommt.

Collot Nicht wahr über dem Ort steht ein Haarstern, unter dessen versengenden Strahlen dein Rückenmark ganz ausgedörrt wird.

Komet

Anspielung auf Folgen der Syphilis

Billaud Nächstens werden die niedlichen Finger der reizenden Demahy es ihm aus dem Futterale ziehen und es als Zöpfchen über den Rücken hinunter hängen machen.

vermutlich Geliebte Barères

Barrère *(zuckt d. Achseln)* Pst! Davon darf der Tugendhafte nichts wissen.

Billaud Er ist ein impotenter Mahomet *(B. u. C. ab.)*

vermutlich: unfähiger Mohammed

Barrère *(allein.)* Die Ungeheuer! Es ist noch nicht lange genug, daß du den Tod wünschest! Diese Worte hätten die Zunge müssen verdorren machen, die sie gesprochen.

Und ich?

Als die Septembriseurs in die Gefängnisse drangen, faßt ein Gefangner sein Messer, er drängt sich unter die Mörder, er stößt es in die Brust eines Priesters, er ist gerettet!

Mörder der im September 1792 Hingerichteten

Wer kann was dawider haben? Ob ich mich nun unter die Mörder dränge, oder mich in den Wohlfahrtsausschuß setze, ob ich ein Guillotinen oder ein Taschenmesser nehme? Es ist der nämliche Fall, nur mit etwas verwickelteren Umständen, die Grundverhältnisse sind sich gleich.

Und durft' er einen morden, durfte er auch zwei, auch drei, auch noch mehr? wo härt das auf? Da kommen die Gerstenkörner machen 2 einen Haufen, drei, vier, wieviel dann? Komm mein Gewissen, komm mein Hühnchen, komm bi, bi, bi, da ist Futter.

Doch – war ich auch Gefangner? Verdächtig war ich, das läuft auf eins hinaus, der Tod war mir gewiß. *(ab.)*

Siebte Szene

Die Conciergerie

Lacroix, Danton, Philippeau, Camille.

Lacroix Du hast gut geschrien, Danton, hättest du dich etwas früher so um dein Leben gequält, es wäre jetzt anders. Nicht wahr, wenn der Tod einem so unverschämt nahe kommt und so aus dem Hals stinkt und immer zudringlicher wird?

Camille Wenn er einem noch notzüchtigte und seinen Raub unter Ringen und Kampf aus den heißen Gliedern riß! Aber so in allen Formalitäten, wie bei der Hochzeit mit einem alten Weibe, wie die Pakten [Verträge] aufgesetzt, wie die Zeugen gerufen, wie das Amen gesagt und wie dann die Bettdecke gehoben wird und es langsam hereinkriecht mit seinen kalten Gliedern!

Danton Wär' es ein Kampf, daß die Arme und Zähne einander packten! aber es ist mir, als wäre ich in ein Mühlwerk gefallen und die Glieder würden mir langsam systematisch von der kalten physischen Gewalt abgedreht. So mechanisch getötet zu werden!

Camille Da liegen allein, kalt, steif in dem feuchten Dunst der Fäulnis; vielleicht, daß einem der Tod das Leben langsam aus den Fibern martert, mit Bewußtsein vielleicht sich wegzufaulen!

Fibern: (Muskel-) Fasern
martert: quält

Philippeau Seid ruhig, meine Freunde. Wir sind wie die Herbstzeitlose, welche erst nach dem Winter Samen trägt. Von Blumen, die versetzt werden, unterscheiden wir uns nur dadurch, daß wir über dem Versuch ein wenig stinken. Ist das so arg?

Danton Eine erbauliche Aussicht! Von einem Misthaufen auf den andern! Nicht wahr, die göttliche Klassentheorie? Von prima nach secunda, von secunda nach tertia u.s. weiter? Ich habe die Schulbänke satt, ich habe mir Gesäßschwielen wie ein Affe darauf gesessen.

prima: erste Klasse
secunda: zweite Klasse
tertia: dritte Klasse

Philippeau Was willst du denn?

Danton Ruhe.

Philippeau Die ist in Gott.

Danton Im Nichts. Versenke dich in was Ruhigers, als das Nichts und wenn die höchste Ruhe Gott ist, ist nicht das Nichts Gott? Aber ich bin ein Atheist. Der verfluchte Satz: etwas kann nicht zu nichts werden! und ich bin etwas, das ist der Jammer!
Die Schöpfung hat sich so breit gemacht, da ist nichts leer, Alles voll Gewimmels.
Das Nichts hat sich ermordet, die Schöpfung ist seine Wunde, wir sind seine Blutstropfen, die Welt ist das Grab worin es fault.
Das lautet verrückt, es ist aber doch was Wahres daran.

Camille Die Welt ist der ewige Jude, das Nichts ist der Tod, aber er ist unmöglich. Oh nicht sterben können, nicht sterben können, wie es im Lied heißt.

der ewige Jude: Seite 111

Danton Wir sind Alle lebendig begraben und wie Könige in drei oder vierfachen Särgen beigesetzt, unter dem Himmel, in unsern Häusern, in unsern Röcken und Hemden.
Wir kratzen 50 Jahre lang am Sargdeckel. Ja wer an Vernichtung glauben könnte! dem wäre geholfen. Da ist keine Hoffnung im Tod, er ist nur eine einfachere, das Leben ein verwickeltere, organisierte Fäulnis, das ist der ganze Unterschied!
Aber ich bin gerad' einmal an diese Art des Faulens gewöhnt, der Teufel weiß wie ich mit einer andern zu Recht komme. O Julie! Wenn ich *allein* ginge! Wenn sie mich einsam ließe! Und wenn ich ganz zerfiele, mich ganz auflöste – ich wäre eine Handvoll gemarterten Staubes, jedes meiner Atome könnte nur Ruhe finden bei ihr.
Ich kann nicht sterben, nein, ich kann nicht sterben. Wir müssen schreien, sie müssen mir jeden Lebenstropfen aus den Gliedern reißen.

Achte Szene

Ein Zimmer

Fouquier, Amar, Vouland.

Fouquier Ich weiß nicht mehr, was ich antworten soll, sie fordern eine Kommission.

Gremium von Fachleuten

Amar Wir haben die Schurken, da hast du was du verlangst. *(er überreicht Fouquier ein Papier.)*
Vouland Das wird Sie zufrieden stellen.
Fouquier Wahrhaftig, das hatten wir nötig.

Amar Nun mache, daß wir und sie die Sache vom Hals bekommen.

Neunte Szene

Das Revolutionstribunal

Danton Die Republik ist in Gefahr und er hat keine Instruktion! Wir appellieren an das Volk, meine Stimme ist noch stark genug um den Decemvirn die Leichenrede zu halten. Ich wiederhole es, wir verlangen eine Kommission, wir haben wichtige Entdeckungen zu machen. Ich werde mich in die Citadelle der Vernunft zurückziehen, ich werde mit der Kanone der Wahrheit hervorbrechen und meine Feinde zermalmen. *(Zeichen d. Beifalls)*

Anweisung

Zitadelle, Kernstück einer Festung

Fouquier, Amar, Vouland, treten ein.

Fouquier Ruhe im Namen der Republik, Achtung dem Gesetz. Der Konvent beschließt:
In Betracht daß in den Gefängnissen sich Spuren von Meutereien zeigen, in Betracht daß Dantons und Camilles Weiber Geld unter das Volk werfen und daß der General Dillon ausbrechen und sich an die Spitze der Empörer stellen soll um die Angeklagten zu befreien, in Betracht endlich, daß diese selbst unruhige Auftritte herbeizuführen sich bemüht und das Tribunal zu beleidigen versucht haben, wird das Tribunal ermächtigt die Untersuchung ohne Unterbrechung fortzusetzen und jeden Angeklagten, der die dem Gesetze schuldige Ehrfurcht außer Augen setzen sollte, von den Debatten auszuschließen.

Danton Ich frage die Anwesenden, ob wir dem Tribunal, dem Volke oder dem Nationalkonvent Hohn gesprochen haben?

Viele Stimmen Nein! Nein!

Camille Die Elenden, sie wollen meine Lucile morden!

Danton Eines Tages wird man die Wahrheit erkennen. Ich sehe großes Unglück über Frankreich hereinbrechen. Das ist die Diktatur, sie hat ihren Schleier zerrissen, sie trägt die Stirne hoch, sie schreitet über unsere Leichen. *(auf Amar und Vouland deutend)*

Alleinherrschaft Einzelner mit unbeschränkter Macht

Seht da die feigen Mörder, seht da die Raben des Wohlfahrtsausschusses!

Symbol für Unglück und Tod

Ich klage Robespierre, St. Just und ihre Henker des Hochverrats an.

Sie wollen die Republik im Blut ersticken. Die Gleisen der Guillotinenkarren sind die Heerstraßen, auf welchen die Fremden in das Herz des Vaterlandes dringen sollen.

Spuren

Wie lange sollen die Fußstapfen der Freiheit Gräber sein? Ihr wollt Brod und sie werfen Euch Köpfe hin. Ihr durstet und sie machen euch das Blut von den Stufen der Guillotine lecken. *(Heftige Bewegung unter den Zuhörern, Geschrei des Beifalls,)*

Viele Stimmen es lebe Danton, nieder mit den Decemvirn! *(Die Gefangnen werden mit Gewalt hinausgeführt.)*

Zehnte Szene

Platz vor dem Justizpalast

Ein Volkshaufe

Einige Stimmen Nieder mit den Decemvirn! es lebe Danton!

1. Bürger Ja das ist wahr, Köpfe statt Brod, Blut statt Wein.

Einige Weiber Die Guillotine ist eine schlechte Mühle und Samson ein schlechter Bäckerknecht, wir wollen Brod, Brod! Scharfrichter

2. Bürger Euer Brod, das hat Danton gefressen, sein Kopf wird Euch Allen wieder Brot geben, er hatte Recht.

1. Bürger Danton war unter uns am 10. August, Danton war unter uns im September. Wo waren die Leute, welche ihn angeklagt haben?

2. Bürger Und Lafayette war mit euch in Versailles und war doch ein Verräter. Seite 110

1. Bürger Wer sagt, daß Danton ein Verräter sei?

2. Bürger Robespierre.

1. Bürger Und Robespierre ist ein Verräter.

2. Bürger Wer sagt das?

1. Bürger Danton.

2. Bürger Danton hat schöne Kleider, Danton hat ein schönes Haus. Danton hat eine schöne Frau, er badet sich in Burgunder, ißt das Wildpret von silbernen Tellern und schläft bei euren Weibern und Töchtern, wenn er betrunken ist. Wein Fleisch von Wild

Danton war arm, wie Ihr. Woher hat er das Alles? Das Veto hat es ihm gekauft, damit er ihm die Krone Seite 19

Seite 111

rette. Der Herzog von Orleans hat es ihm geschenkt, damit er ihm die Krone stehle.

hier: Ausland

Der Fremde hat es ihm gegeben, damit er Euch Alle verrate. Was hat Robespierre? der tugendhafte Robespierre. Ihr kennt ihn Alle.

Alle Es lebe Robespierre! Nieder mit Danton! Nieder mit dem Verräter!

Vierter Akt

Erste Szene

(Ein Zimmer)

Julie, ein Knabe.

Julie Es ist aus. Sie zitterten vor ihm. Sie töten ihn aus Furcht. Geh! ich habe ihn zum Letztenmal gesehen, sag' ihm ich könne ihn nicht so sehen.
(sie gibt ihm eine Locke)
Da, bring ihm das und sag' ihm er würde nicht allein gehn. Er versteht mich schon und dann schnell zurück, ich will seine Blicke aus deinen Augen lesen.

Zweite Szene

Eine Strasse

Dumas, ein Bürger.

Bürger Wie kann man nach einem solchen Verhör soviel Unglückliche zum Tod verurteilen?

Dumas Das ist in der Tat außerordentlich, aber die Revolutionsmänner haben einen Sinn, der andern Menschen fehlt, und dieser Sinn trügt sie nie.

Bürger Das ist der Sinn des Tigers. – Du hast ein Weib. *Tötungsinstinkt*

Dumas Ich werde bald eins gehabt haben.

Bürger So ist es denn wahr!

Dumas Das Revolutionstribunal wird unsere Ehescheidung aussprechen, die Guillotine wird uns von Tisch und Bett trennen.

Bürger Du bist ein Ungeheuer!

Dumas Schwachkopf! du bewunderst Brutus? Seite 109, bzw. Seite 110

Bürger Von ganzer Seele.

Dumas Muß man denn gerade römischer Konsul sein und sein Haupt mit der Toga verhüllen können um sein Liebstes dem Vaterlande zu opfern? Ich werde mir die Augen mit dem Ärmel meines roten Fracks abwischen, das ist der ganze Unterschied. *röm. Gewand*

Bürger Das ist entsetzlich.

Dumas Geh, du begreifst mich nicht.

(sie gehen ab.)

Dritte Szene

Die Conciergerie

Lacroix, Hérault (auf einem Bett.)
Danton, Camille (auf einem andern.)

Lacroix Die Haare wachsen einem so und die Nägel man muß sich wirklich schämen.

Hérault Nehmen Sie sich ein wenig in Acht, Sie niesen mir das ganze Gesicht voll Sand.

Lacroix Und treten Sie mir nicht so auf die Füße, Bester, ich habe Hühneraugen.

Hérault Sie leiden noch an Ungeziefer.

Lacroix Ach, wenn ich nur einmal die Würmer ganz los wäre.

Hérault Nun, schlafen Sie wohl, wir müssen sehen wie wir mit einander zu Recht kommen, wir haben wenig Raum.
Kratzen Sie mich nicht mit Ihren Nägeln im Schlaf. So! Zerren Sie nicht so am Leichtuch, es ist kalt da unten.

Danton Ja Camille, morgen sind wir durchgelaufne Schuhe, die man der Bettlerin Erde in den Schoß wirft.

Camille Das Rindsleder, woraus nach Platon die Engel sich Pantoffeln geschnitten und damit auf der Erde herumtappen. Es geht aber auch danach. Meine Lucile!

Danton Sei ruhig, mein Junge –

Camille Kann ich's? Glaubst Du Danton? Kann ich's ? Sie können die Hände nicht an sie legen. Das Licht der Schönheit, das von ihrem süßen Leib sich ausgießt, ist unlöschbar. Unmöglich! Sieh die Erde würde nicht wagen sie zu verschütten, sie würde sich um sie wölben, der Grabdunst würde wie Tau an ihren Wimpern funkeln, Crystalle würden wie Blumen um ihre Glieder sprießen und helle Quellen in Schlaf sie murmeln.

Danton S(ch)lafe, mein Junge, schlafe.

Camille Höre Danton, unter uns gesagt, es ist so elend sterben müssen. Es hilft auch zu nichts. Ich will dem Leben noch die letzten Blicke aus seinen hübschen Augen stehlen, ich will die Augen offen haben.

Danton Du wirst sie ohnehin offen behalten, Samson drückt einem die Augen nicht zu. Der Schlaf ist barmherziger. Schlafe, mein Junge, schlafe.

Camille Lucile, deine Küsse phantasieren auf meinen Lippen, jeder Kuß wird ein Traum, meine Augen sinken und schließen ihn fest ein.

Danton Will denn die Uhr nicht ruhen? Mit jedem Picken schiebt sie die Wände enger um mich, bis sie so eng sind wie ein Sarg.

Picken: Ticken

Ich las einmal als Kind so n'e Geschichte, die Haare standen mir zu Berg.

Ja als Kind! Das war der Mühe wert mich so groß zu füttern und mich warm zu halten. Bloß Arbeit für den Totengräber!

Es ist mir, als röch' ich schon. Mein lieber Leib, ich will mir die Nase zuhalten und mir einbilden du seist ein Frauenzimmer, was vom Tanzen schwitzt und stinkt und dir Artigkeiten sagen. Wir haben uns sonst schon mehr miteinander die Zeit vertrieben.

Frauenzimmer: weibliche Person

Morgen bist du eine zerbrochne Fiedel, die Melodie darauf ist ausgespielt. Morgen bist du eine leere Bouteille, der Wein ist ausgetrunken, aber ich habe keinen Rausch davon und gehe nüchtern zu Bett. Das sind glückliche Leute, die sich noch besaufen können. Morgen bist du eine durchgerutschte Hose, du wirst in die Garderobe geworfen und die Motten werden dich fressen, du magst stinken wie du willst.

Fiedel: Geige
durchgerutschte: abgetragene

Ach das hilft nichts. Ja wohl, s' ist so elend sterben müssen. Der Tod äfft die Geburt, beim Sterben sind wir so hülflos und nackt, wie neugeborne Kinder. Freilich, wir bekommen das Leichentuch zur Windel. Was wird es helfen? Wir können im Grab so gut wimmern, wie in der Wiege.

äfft: ahmt nach

Camille! er schläft *(indem er sich über ihn bückt)* ein Traum spielt zwischen seinen Wimpern. Ich will den goldnen Tau des Schlafes ihm nicht von den Augen streifen. *(er erhebt sich und tritt an's Fenster.)* Ich werde nicht allein gehn, ich danke dir Julie. Doch hätte ich anders sterben mögen, so ganz mühelos, so wie ein Stern fällt, wie ein Ton sich selbst aushaucht, sich mit den eignen Lippen totküßt, wie ein Lichtstrahl in klaren Fluten sich begräbt. –
Wie schimmernde Tränen sind die Sterne durch die Nacht gesprengt, es muß ein großer Jammer in dem Aug sein, von dem sie abträufelten.

Camille Oh! *(er hat sich aufgerichtet und tastet nach der Decke.)*

Danton Was hast du Camille?

Camille Oh, oh !

Danton *(schüttelt ihn)* Willst du die Decke herunterkratzen?

Camille Ach du, du, o halt mich, sprich, du!

Danton Du bebst an allen Gliedern, der Schweiß steht dir auf der Stirne.

Camille Das bist du, das ich, so! Das ist meine Hand! ja jetzt besinn' ich mich. O Danton, das war entsetzlich.

Danton Was denn!

Camille Ich lag so zwischen Traum und Wachen. Da schwand die Decke und der Mond sank herein, ganz nahe, ganz dicht, mein Arm erfaßt' ihn. Die Himmelsdecke mit ihren Lichtern hatte sich gesenkt, ich stieß daran, ich betastete die Sterne, ich taumelte wie ein Ertrinkender unter der Eisdecke. Das war entsetzlich Danton.

Danton Die Lampe wirft einen runden Schein an die Decke, das sahst du.

Camille Meinetwegen, es braucht grade nicht viel um einem das Bißchen Verstand verlieren zu machen. Der Wahnsinn faßte mich bei den Haaren, *(er erhebt sich)* ich mag nicht mehr schlafen, ich mag nicht verrückt werden. *(er greift nach einem Buch.)*

Danton Was nimmst du?

Camille Die Nachtgedanken.

Gedicht von Edward Young (*1683, †1765)

Danton Willst du zum Voraus sterben? Ich nehme die Pucelle. Ich will mich aus dem Leben nicht wie aus dem Betstuhl, sondern wie aus dem Bett einer barmherzigen Schwester wegschleichen. Es ist eine Hure, es treibt mit der ganzen Welt Unzucht.

satirisches Heldenepos von Voltaire

Vierte Szene

Platz vor der Conciergerie

Ein Schließer, zwei Fuhrleute mit Karren, Weiber.

Schließer Wer hat Euch herfahren geheißen?

1. Fuhrmann Ich heiße nicht herfahren, das ist ein kurioser Namen.

Schließer Dummkopf, wer hat dir die Bestallung dazu gegeben?

Einsetzung in ein Amt

1. Fuhrmann Ich habe keine Stallung dazu kriegt, nichts als 10 sous für den Kopf.

frz.: kleine Münze

2. Fuhrmann Der Schuft will mich um's Brod bringen.

1. Fuhrmann Was nennst du dein Brod. *(auf die Fenster der Gefangnen deutend)* Das ist Wurmfraß.

2. Fuhrmann Meine Kinder sind auch Würmer und die wollen auch ihr Teil davon. Oh, es geht schlecht mit unsrem métier und doch sind wir die besten Fuhrleute.

frz.: Beruf

1. Fuhrmann Wie das?

2. Fuhrm(ann) Wer ist der beste Fuhrmann?

1. F(u)hr(mann) Der am Weitesten und am Schnellsten fährt.

2. Fuhrmann Nun Esel, wer fährt weiter, als der aus der Welt fährt und wer fährt schneller, als der's in einer Viertelstunde tut? Genau gemessen ist's eine Viertelstund von da bis zum Revolutionsplatz.

Schließer Rasch, ihr Schl(in)gel! Näher an's Tor, Platz da ihr Mädel.

1. Fuhrmann Halt euren Platz vor, um ein Mädel fährt man nit herum, immer in die Mitt 'nein.

nit: nicht
'nein: hinein

2. Fuhrmann Ja das glaub' ich, du kannst mit Karren und Gäulen hinein, du findst gute Gleise, aber du mußt Quarantän halten, wenn du heraus kommst. *(sie fahren vor.)*

Quarantän: Isolierung wegen ansteckender Krankheit

2. Fuhrmann *(zu den Weibern)* Was gafft ihr?

Ein Weib Wir warten auf alte Kunden.

2. Fuhrmann Meint Ihr, mein Karren wär' ein Bordell? Er ist ein anständiger Karren, er hat den König und alle vornehmen Herren aus Paris zur Tafel gefahren.

zur Tafel: Hinrichtungsplatz

Lucile *(tritt auf. Sie setzt sich auf einen Stein unter die Fenster der Gefangnen.)*
Camille, Camille! *(Cam. Erscheint am Fenster.)*
Höre Camille, du machst mich lachen mit dem langen Steinrock und der eisernen Maske vor dem Gesicht, kannst du dich nicht bücken? Wo sind deine Arme?
Ich will dich locken, lieber Vogel *(singt.)*
Es stehen zwei Sternlein an dem Himmel
Scheinen heller als der Mond,
Der ein scheint vor Feinsliebchens Fenster,
Der andre vor die Kammertür.

dem langen Steinrock und der eisernen Maske: Anspielung auf das Gefängnis
Feinsliebchens: Geliebte

Komm, komm, mein Freund! Leise die Treppe herauf, sie schlafen Alle. Der Mond hilft mir schon lange warten. Aber du kannst ja nicht zum Tor herein, das ist eine unleidliche Tracht. Das ist zu arg für den Spaß, mach ein Ende. Du rührst dich auch gar nicht, warum sprichst du nicht? Du machst mir Angst. Höre! die Leute sagen du müßtest sterben und machen dazu so ernsthafte Gesichter. Sterben! ich muß lachen über die Gesichter. Sterben! Was ist das für ein Wort? Sag mir's Camille. Sterben ! Ich will nachdenken. Da, da ist's. Ich will ihm nachlaufen, komm, süßer Freund, hilf mir fangen, komm! komm! *(Sie läuft weg.)*

unbequeme Kleidung; Anspielung auf Gefängnis

Camille *(ruft)* Lucile! Lucile!

Fünfte Szene

Die Conciergerie

Danton (an einem Fenster, was in das nächste Zimmer geht.), Camille, Philippeau, Lacroix, Hérault.

Danton Du bist jetzt ruhig, Fabre.

Eine Stimme *(von innen)* am Sterben.

Danton Weißt du auch, was wir jetzt machen werden?

D Stimme Nun?

Danton Was du dein ganzes Leben hindurch gemacht hast – des vers.

frz.: Verse bzw. Würmer

Camille *(für sich.)* Der Wahnsinn saß hinter ihren Augen. Es sind schon mehr Leute wahnsinnig geworden, das ist der Lauf der Welt. Was können wir dazu? Wir waschen unsere Hände. Es ist auch besser so.

… in Unschuld

Danton Ich lasse Alles in einer schrecklichen Verwirrung. Keiner versteht das Regieren. Es könnte vielleicht noch gehn, wenn ich Robespierre meine Huren und Couthon meine Waden hinterließe.

Lacroix Wir hätten die Freiheit zur Hure gemacht!

Danton Was wäre es auch! Die Freiheit und eine Hure sind die kosmopolitischsten Dinge unter der Sonne. Sie wird sich jetzt anständig im Ehebett des Advokaten von Arras prostituieren. Aber ich denke sie wird die Clytemnaestra gegen ihn spielen, ich lasse ihm keine 6 Monate Frist, ich ziehe ihn mit mir.

Camille *(für sich.)* Der Himmel verhelf' ihr zu einer behaglichen fixen Idee. Die allgemeinen fixen Ideen, welche man die gesunde Vernunft tauft, sind unerträglich langweilig. Der glücklichste Mensch war der, welcher sich einbilden konnte, daß er Gott Vater, Sohn und heiliger Geist sei.

Lacroix Die Esel werden schreien, es lebe die Republik, wenn wir vorbeigehen.

Danton Was liegt daran? Die Sündflut der Revolution mag unsere Leichen absetzen wo sie will, mit unsern fossilen Knochen wird man noch immer allen Königen die Schädel einschlagen können.

Hérault Ja, wenn sich gerade ein Simson für unsere Kinnbacken findet.

Danton Sie sind Kainsbrüder.

Lacroix Nichts beweist mehr, daß Robespierre ein Nero ist, als der Umstand, daß er gegen Camillie nie freundlicher war, als 2 Tage vor dessen Verhaftung. Ist es nicht so Camille?

Camille Meinetwegen, was geht das mich an? Was sie aus dem Wahnsinn ein reizendes Ding gemacht hat. Warum muß ich jetzt fort? Wir hätten zusammen mit ihm gelacht, es gewiegt und geküßt.

Seite 111

weltbürgerlichsten

Anspielung auf Robespierre

Ehefrau des Agamemnon, den sie zusammen mit ihrem Geliebten ermordete

festen Sicht

versteinerten

Er erschlug seine Feinde. (Altes Testament).

Kain erschlug seinen jüngeren Bruder Abel. (Altes Testament).

röm. Kaiser (37–68 n. Chr.), Gewaltherrscher

Danton Wenn einmal die Geschichte ihre Grüfte öffnet kann der Despotismus noch immer an dem Duft unsrer Leichen ersticken.

Hérault Wir stanken bei Lebzeiten schon hinlänglich. Das sind Phrasen für die Nachwelt nicht wahr Danton, uns gehen sie eigentlich nichts an.

Camille Er zieht ein Gesicht, als solle es versteinern und von der Nachwelt als Antike ausgegraben werden.

Das verlohnt sich auch der Mühe Mäulchen zu machen und Rot aufzulegen und mit einem guten Accent zu sprechen; wir sollten einmal die Masken abnehmen, wir sähen dann wie in einem Zimmer mit Spiegeln überall nur den einen uralten, zahllosen, unverwüstlichen Schafskopf, nichts mehr, nichts weniger. Die Unterschiede sind so groß nicht, wir Alle sind Schurken und Engel, Dummköpfe und Genies und zwar das Alles in Einem, die 4 Dinge finden Platz genug in dem nemlichen Kö(rp)er, sie sind nicht so breit, als man sich einbildet.

Schlafen, Verdaun, Kinder machen das treiben Alle, die übrigen Dinge sind nur Variationen aus verschiedenen Tonarten über das nemliche Thema. Da braucht man sich auf die Zehen zu stellen und Gesichter zu schneiden, da braucht man sich voreinander zu genieren. Wir haben uns Alle am nemlichen Tische krank gegessen und haben Leibgrimmen, was haltet Ihr Euch die Servietten vor das Gesicht, schreit nur und greint wie es Euch ankommt.

Schneidet nur keine so tugendhafte und so witzige und so heroische und so geniale Grimassen, wir kennen uns ja einander, spart Euch die Mühe.

Hérault Ja Camille, wir wollen uns beieinandersetzen

verlohnt: lohnt

Rot: Schminke

Accent: Akzent, Tonfall

Thema: musikalischer Grundgedanke

Leibgrimmen: Bauchschmerzen

greint: jammert

heroische: heldenhafte

und schreien, nichts dummer als die Lippen zusammenzupressen, wenn einem was weh tut.

Seite 111

Griechen und Götter schrien, Römer und Stoiker machten die heroische Fratze.

Seite 107

röm. Gewand zu ordnen

Danton Die Einen waren so gut Epicuräer wie die Andern. Sie machten sich ein ganz behagliches Selbstgefühl zurecht. Es ist nicht so übel seine Toga zu drapieren und sich umzusehen ob man einen langen Schatten wirft. Was sollen wir uns zerren? Ob wir uns nun Lorbeerblätter, Rosenkränze oder Weinlaub vor die Scham binden, oder das häßliche Ding offen tragen und es uns von den Hunden lecken lassen?

Schimpfen, Jammern

Philippeau Meine Freunde man braucht gerade nicht hoch über der Erde zu stehen um von all dem wirren Schwanken und Flimmern nichts mehr zu sehen und d. Augen von einigen großen, göttlichen Linien erfüllt zu haben. Es gibt ein Ohr für welches, das Ineinanderschreien und der Zeter, die uns betäuben, ein Strom von Harmonien sind.

Danton Aber wir sind die armen Musikanten und unsere Körper die Instrumente. Sind die häßlichen Töne, welche auf ihnen herausgepfuscht werden nur da um höher und höher dringend und endlich leise verhallend wie ein wollüstiger Hauch in himmlischen Ohren zu sterben?

Hérault Sind wir wie Ferkel, die man für fürstliche Tafeln mit Ruten totpeitscht, damit ihr Fleisch schmackhafter werde?

Moloch: grausame Macht, die immer neue Opfer fordert

Danton Sind wir Kinder, die in den glühenden Molochsarmen dieser Welt gebraten und mit Lichtstrahlen gekitzelt werden, damit die Götter sich über ihr Lachen freuen?

Himmel mit Sternen

Camille Ist denn der Äther mit seinen Goldaugen eine

Schüssel mit Goldkrapfen, die am Tisch der seligen Götter steht und die seligen Götter lachen ewig und die Fische sterben ewig und die Götter erfreuen sich ewig am Farbenspiel des Todeskampfes?

Danton Die Welt ist das Chaos. Das Nichts ist der zu gebärende Weltgott.

Der Schließer tritt ein.

Schließer Meine Herren, Sie können abfahren, die Wagen halten vor der Tür.

Philippeau Gute Nacht meine Freunde, ziehen wir ruhig die große Decke über uns, worunter alle Herzen ausglühen und alle Augen zufallen.

(Sie umarmen einander.)

Hérault *(nimmt Camilles Arm.)* Freue dich Camille, wir bekommen eine schöne Nacht. Die Wolken hängen am stillen Abendhimmel wie ein ausglühender Olymp mit verbleichenden, versinkenden Göttergestalten.

Göttersitz

(Sie gehen ab.)

Sechste Szene

Ein Zimmer

Julie Das Volk lief in den Gassen, jetzt ist Alles still. Keinen Augenblick möchte ich ihn warten lassen.

(sie zieht eine Phiole hervor.)

lat.: bauchige Glasflasche

Komm liebster Priester, dessen Amen uns zu Bette gehen macht.

(sie tritt an's Fenster.)

Es ist so hübsch Abschied zu nehmen, ich habe die Türe nur noch hinter mir zuzuziehen. *(sie trinkt.)* Man möchte immer so stehn.

Die Sonne ist hinunter. Der Erde Züge waren so scharf in ihrem Licht, doch jetzt ist ihr Gesicht so still und ernst wie einer Sterbenden. Wie schön das Abendlicht ihr um Stirn und Wangen spielt. Stets bleicher und bleicher wird sie, wie eine Leiche treibt sie abwärts in der Flut des Äthers; will den(n) kein Arm sie bei den goldnen Locken fassen und aus dem Strom sie ziehen und sie begraben? Ich gehe leise. Ich küsse sie nicht, daß kein Hauch, kein Seufzer sie aus dem Schlummer wecke. Schlafe, schlafe.

(sie stirbt.)

Siebte Szene

Der Revolutionsplatz

Die Wagen kommen angefahren und halten vor der Guillotin

Männer und Weiber singen und tanzen die Carmagnole. Die Gefangnen stimmen die Marseillaise an.

Revolutionslied

Revolutionslied, das später zur frz. Nationalhymne wurde

Ein Weib mit Kindern Platz! Platz! Die Kinder schreien, sie haben Hunger. Ich muß sie zusehen machen, daß sie still sind. Platz!

Ein Weib He Danton, du kannst jetzt mit den Würmern Unzucht treiben.

Eine Andere Hérault, aus deinen hübschen Haaren laß' ich mir eine Perücke machen.

Hérault Ich habe nicht Waldung genug für einen so abgeholzten Venusberg.

Camille Verfluchte Hexen! Ihr werdet noch schreien, ihr Berge fallet auf uns!

Ein Weib Der Berg ist auf euch oder Ihr seid ihn vielmehr hinunter gefallen.

Danton *(zu Camille)* Ruhig, mein Junge, du hast dich heiser geschrien.

Camille *(gibt d. Fuhrmann Geld.)* Da alter Charon, dein Karren ist ein guter Präsentierteller. Meine Herren, ich will mich zuerst servieren. Das ist ein klassisches Gastmahl, wir liegen auf unsern Plätzen und verschütten etwas Blut als Libation. Adieu Danton. *(er besteigt das Blutgerüst. Die Gefa(n)gnen folgen ihm einer nach dem andern. Danton steigt zuletzt hinauf.)*

Charon: Figur aus der griech. Mythologie, Fährmann in der Unterwelt

Libation: lat.: Trankopfer

Lacroix *(zu dem Volk.)* Ihr tötet uns an dem Tage, wo ihr den Verstand verloren habt; ihr werdet sie an dem töten, wo ihr ihn wiederbekommt.

Einige Stimmen Das war schon einmal da! wie langweilig!

Lacroix Die Tyrannen werden über unsern Gräbern den Hals brechen.

Hérault *(zu Danton)* Er hält seine Leiche für ein Mistbeet der Freiheit.

Mistbeet: Frühbeet

Philippeau *(auf d. Schafott.)*
Ich vergebe Euch, ich wünsche eure Todesstunde sei nicht bittrer als die meinige.

Hérault Dacht' ich's doch, er muß sich noch einmal in den Busen greifen und den Leuten da unten zeigen, daß er reine Wäsche hat.

Fabre Lebewohl Danton. Ich sterbe doppelt.

Danton Adieu mein Freund. Die Guillotine ist der beste Arzt.

Hérault *(will Danton umarmen.)* Ach Danton, ich bringe nicht einmal einen Spaß mehr heraus. Da ist's Zeit. *(Ein Henker stößt ihn zurück.)*

Danton *(zum Henker.)* Willst du grausamer sein als der Tod? Kannst du verhindern, daß unsere Köpfe sich auf dem Boden des Korbes küssen?

Aufbewahrungsort der abgetrennten Köpfe

Achte Szene

Eine Straße

Lucile Es ist doch was wie Ernst darin. Ich will einmal nachdenken. Ich fange an so was zu begreifen. Sterben – Sterben –
Es darf ja Alles leben, Alles, die kleine Mücke da, – der Vogel. Warum denn er nicht? Der Strom des Lebens müßte stocken, wenn nur der eine Tropfen verschüttet würde. Die Erde müßte eine Wunde bekommen von dem Streich.

innehalten

Schlag

Es regt sich Alles, die Uhren gehen, die Glocken schlagen, die Leute laufen, das Wasser rinnt und so so Alles weiter bis da, dahin – nein! es darf nicht geschehen, nein – ich will mich auf den Boden setzen und schreien, daß erschrocken Alles stehn bleibt, Alles stockt, sich nichts mehr regt.
(sie setzt sich nieder, verhüllt sich die Augen und stößt einen Schrei aus. Nach einer Pause erhebt sie sich.)
Das hilft nichts, das ist noch Alles wie sonst, die Häuser, die Gasse, der Wind geht, die Wolken ziehen. – Wir müssen's wohl leiden.
Einige Weiber kommen die Gasse herunter.

1. Weib Ein hübscher Mann, der Hérault.

2. Weib Wie er beim Konstitutionsfest so am Triumphbogen stand da dacht' ich so, der muß sich gut auf der Guillotine ausnehmen, dacht' ich. Das war so ne Ahnung.

wirken

3. Weib Ja man muß die Leute in allen Verhältnissen sehen, es ist recht gut, daß das Sterben so öffentlich wird. *(Sie gehen vorbei.)*

Lucile Mein Camille! Wo soll ich dich jetzt suchen?

Neunte Szene

Der Revolutionsplatz

Zwei Henker an der Guillotin beschäftigt.

1. Henker *(steht auf der Guillotin und singt:)*
Und wann ich hame geh — heim
Scheint der Mond so sch(ee)h

2. Henker He Holla! Bist bald fertig?

1. Henker Gleich, gleich! *(singt.)*
Scheint in meines Ellervaters Fenster — Großvaters
Kerl wo bleibst so lang bei de Menscher?
So! die Jacke her!
(Sie gehen singend ab)
Und wann ich hame geh
Scheint der Mond so scheeh.

Lucile, *(tritt auf und setzt sich auf die Stufen der Guillotine.)*
Ich setze mich auf deinen Schoß, du stiller Todesengel. *(sie singt)*
Es ist ein Schnitter, der heißt Tod,
Hat Gewalt vom höchsten Gott.
(Anfangsverse der ersten Strophe eines Volksliedes)
Du liebe Wiege, die du meinen Camille in Schlaf gelullt, ihn unter deinen Rosen erstickt hast.
Du Totenglocke, die du ihn mit deiner süßen Zunge zu Grabe sangst.
(sie singt.)

Viel hunderttausend ungezählt,
Was nur unter die Sichel fällt.
Eine Patrouille tritt auf.

von Soldaten durchgeführter Kontrollgang

Ein Bürger He werda?
Lucile Es lebe der König!
Bü(r)ger Im Namen der Republik.
(sie wird von der Wache umringt und weggeführt.)

Wort- und Sacherklärungen

Georg Danton: Georges Jacques Danton (geb. 26.10.1759, hingerichtet am 5.4.1794 in Paris) war einer der Führer in der Französischen Revolution und Leiter des ersten Wohlfahrtsausschusses. 11.4

Legendre: Luis Philippe Legendre (geb. 22.5.1752, gest. 13.12.1797 in Paris) war ein Politiker während der Französischen Revolution. 11.5

Camille Desmoulins: Benoît Camille Desmoulins (geb. 2.3.1760, hingerichtet am 5.4.1794 in Paris) war Rechtsanwalt und Journalist in der Zeit der Aufklärung und einer der Führer der Französischen Revolution. 11.6

Hérault-Séchelles: Marie-Jean Hérault de Séchelles (geb. 20.9.1759, hingerichtet am 5.4.1794 in Paris) war ein Politiker während der Französischen Revolution. 11.7

Fabre d'Églantine: Philippe-François-Nazaire Fabre (geb. 29.7.1750, hingerichtet am 5.4.1794 in Paris) war ein französischer Rechtsanwalt, Dichter, Schauspieler und Dramaturg während der Französischen Revolution. 11.10

Mercier: Louis-Sébastien Mercier (geb. 6.6.1740, gest. 25.4.1814 in Paris) war ein französischer Schriftsteller, Journalist und Abgeordneter des Nationalkonvents. 11.11

Thomas Payne: Thomas Paine (geb. 9.2.1737 in Thetford, GB; gest. 8.6.1809 in New York) war ein einflussreicher politischer Intellektueller. Er arbeitete unter anderem mit Danton 1792/93 den girondistischen Verfassungsentwurf aus, der allerdings nicht in Kraft trat. 11.12

Wohlfahrtsausschuss: Am 6. April 1793 während der Französischen Revolution vom Nationalkonvent als Exekutivorgan der öffentlichen Wohlfahrt und der allgemeinen Verteidigung eingerichtet. Seine Hauptaufgabe bestand ursprünglich in der Kontrolle des Konvents und der Regierung, er gelangte jedoch zunehmend zu mehr Macht, da er die Verfügungen der Minister suspendieren und selbständig nötige Maßregeln ergreifen konnte. Nachdem die weniger radikalen Girondisten Mitte 1793 beseitigt worden waren, gelang es den Führern der Jakobiner (Robespierre, Danton und Antoine de Saint-Just) den 11.16

Ausschuss unter ihre Kontrolle zu bringen. Sie bauten ihn bis Ende 1793 zur zentralen Schaltstelle der jakobinischen Schreckensherrschaft um. Vgl. Material 1

11.13 **Robespierre:** Maximilien Marie Isidore de Robespierre (geb. 6. 5. 1758, hingerichtet am 28. 7. 1794 in Paris) war Rechtsanwalt und Politiker während der Französischen Revolution. Robespierre hat die erste Phase der Französischen Revolution entscheidend mitgeprägt und war als führendes Mitglied der Jakobiner mitverantwortlich für die Schreckensherrschaft 1793/94.

11.14 **St. Just:** Louis-Antoine-Léon de Saint-Just (geb. 25. 8. 1767, hingerichtet am 28. 7. 1794 in Paris) gehörte seit 1792 dem Nationalkonvent an und war Mitglied des Wohlfahrtsausschusses. Er war maßgeblich am Sturz der Girondisten und Dantons beteiligt. Er galt als eifriger Anhänger Robespierres.

11.16 **Collot d'Herbois:** Jean-Marie Collot d'Herbois (geb. um 1750, gest. 8. 1. 1796 in Guayana) war ein französischer Schauspieler, Revolutionär sowie Mitglied des Nationalkonvents und Wohlfahrtsausschusses. Er war verantwortlich für Massenhinrichtungen in Lyon und half mit beim Sturz Robespierres. 1795 wurde er nach seiner Verurteilung nach Guayana deportiert.

11.17 **Billaud Varennes:** Jacques Nicolas Billaud-Varenne (geb. 23. 4. 1756, gest. 3. 6. 1819 in Port-au-Prince) war verantwortlich für die Septembermorde 1792 und brachte als Präsident des Konvents die Königin Marie Antoinette vor das Revolutionstribunal. 1795 wurde er nach seiner Verurteilung nach Guayana deportiert.

11.18 **Chaumette:** Pierre-Gaspard Chaumette (geb. 24. 5. 1763, hingerichtet am 24. 3. 1794 in Paris).

11.19 **Dillon:** Arthur Dillon, Graf Dillon (geb. 1750, hingerichtet am 13. 4. 1794 in Paris).

11.20 **Fouquier Tinville:** Antoine Quentin Fouquier de Tinville (geb. Juni 1746, hingerichtet am 7. 5. 1795 in Paris).

11.22 **Revolutionstribunal:** Vom Nationalkonvent gegründeter Gerichtshof für Prozesse gegen politische Täter. Das Revolutionstribunal spielte eine zentrale Rolle während der Terrorherrschaft.

11.27 **Lucile:** Lucile Pierre Desmoulins, geborene Duplessis (geb. 1770, hingerichtet am 13. 4. 1794 in Paris) wurde nach der Hinrichtung ihres Mannes der Verschwörung angeklagt und soll ihm hoch erhobenen Hauptes in den Tod gefolgt sein.

Grisetten: Junge, unverheiratete Frauen niederen Standes mit nicht ehrbarem Lebenswandel; Geliebte von Studenten, Künstlern, etc., zum Teil auch Prostituierte. 11.29

Die rote Mütze: Anspielung auf die phrygische Mütze, die während der Französischen Revolution von den Jakobinern als Ausdruck ihres politischen Bekenntnisses getragen wurde. Später wurde sie Symbol demokratischer und republikanischer Gesinnung, bei den Gegnern der Revolution aber auch zum Kennzeichen der jakobinischen Schreckensherrschaft. Noch heute wird auch die französische Symbolfigur Marianne häufig mit einer roten Mütze dargestellt. 13.89

Guillotinieren: Hinrichtung durch das Fallbeil, das von dem frz. Arzt Guillotin (geb.1738, gest.1814) als besonders humanes Instrument der Hinrichtung erfunden wurde. Vgl. Material 10 (Abbildung einer Guillotine) 13.90

Socrates: Sokrates (geb. 470 v. Chr., gest. 399 v. Chr.) war einer der bedeutendsten griechischen Philosophen der Antike, der seine Schüler durch geschicktes Fragen zur Erkenntnis brachte. 14.93

Alcibiades: Alkibiades (geb. wohl 451 v. Chr., gest. 404 v. Chr.) war ein bedeutender athenischer Staatsmann, Redner, Feldherr und Schüler des Sokrates. 14.94

Hebertisten: Die Hébertisten waren eine einflussreiche Gruppierung während der Französischen Revolution, benannt nach ihrem bekanntesten Vertreter, dem Publizisten Jacques-René Hébert. Dieser wurde an dem Tag, an dem das Drama einsetzt (am 24. März 1794) nach der Anklage Robespierres hingerichtet. 14.102

Noch einige Nulln zu hängen: In seiner 1790 veröffentlichten Zeitung *L'Ami du Peuple* erklärte der Jakobiner Marat, dass zwischen fünf- und sechshundert Menschen hingerichtet werden sollten. 14.113

Epicur: Epikur (geb. um 341 v. Chr., gest. 271 v. Chr.) war ein griechischer Philosoph; er lehrte eine Lebenshaltung, die auf die innere Glückseligkeit und Vermeidung von Schmerzerfahrungen abzielte. 15.152

Marat: Jean Paul Marat (geb. 1743, durch ein Attentat der Gi- 15.153

rondistin Charlotte Corday getötet am 13.7.1793), einer der radikalsten Führer der Jakobiner.

15.153 **Chalier:** Marie Joseph Chalier (geb. 1747, hingerichtet am 17.7.1793 in Lyon) war ein Jakobiner und wurde wie Marat als Märtyrer der Revolution verehrt.

16.174 **Katonen:** Anspielung auf Marcus Porcius Cato Censorius (geb. 234 v. Chr., gest. 149 v. Chr.), ein besonders konservativer römischer Feldherr, Geschichtsschreiber, Schriftsteller und Staatsmann.

17.214 **Virginius:** Einer römischen Legende nach erstach er seine Tochter, um ihre Freiheit und Ehre vor Appius Claudius zu retten.

18.246 **Lucrecia:** Tugendhafte Römerin, die sich der Legende nach erstach, als sie von Sextus Tarquinius entehrt worden war.

18.247 **Appius Claudius:** Appius Claudius Caecus (geb. um 340 v. Chr., gest. 273 v. Chr.) war ein erfolgreicher römischer Politiker aus einer reichen Patrizierfamilie, der sich der Rechte der Unterschicht annahm.

19.266 **Girondisten:** Mitglieder einer Gruppe von Abgeordneten während der Französischen Revolution, die zum ersten Mal 1791 in der gesetzgebenden Nationalversammlung in Erscheinung trat. Sie waren eine Gruppierung gemäßigter Republikaner, die 1793/94 hingerichtet wurden. Vgl. Material 1

20.304 **August und September:** Am 10. August 1792 nahm das Volk den König mit seiner Familie gefangen. Vom 2. bis 6. September 1792 wurden in Paris 1100 bis 1400 Gefangene umgebracht. Vgl. Material 1

21.318 **Aristides:** Attischer Feldherr und Staatsmann (geb. nach 550, gest. um 467 v. Chr.), der berühmt war wegen seiner Unbestechlichkeit; Anspielung auf Robespierre.

21.336 **Jakobiner:** Mitglieder der politischen Linken während der Französischen Revolution. Ihr Ziel war die Abschaffung der Monarchie und ihre Anhänger entstammten hauptsächlich der Unterschicht. Vgl. Material 1

21.341 **Baucis:** Figur aus der griechischen Mythologie, Ehefrau des Philemon, die diesem in tiefer Liebe verbunden ist; Sinnbild einer vorbildlichen Ehefrau.

21.347 **Hamlet:** Prinz von Dänemark, Held der gleichnamigen Tragödie Shakespeares. Der Geist seines toten Vaters teilt Hamlet mit, dass er von Claudius (sein Bruder) ermordet wurde. Der

Geist trägt Hamlet auf, Rache zu üben. Um diesen Auftrag zu erfüllen, gibt Hamlet vor, wahnsinnig zu sein. Als er seinem Onkel auflauert, ersticht er jedoch irrtümlicherweise den Falschen.

Lyon: Französische Stadt an der Rhône, in der es während der 22.355
Französischen Revolution 1793 zu einem Aufstand von Anhängern der Monarchie und dem von den Girondisten geführten Bürgertum gegen die Schreckensherrschaft der Jakobiner gekommen war. Vgl. Material 1.

Ronsin: Charles Philippe Henri Ronsin (geb. 1751, hingerichtet 22.357
am 24. März 1794 in Paris) war ein führender Hébertist während der Französischen Revolution. Unter seinem Oberbefehl wurde Lyon 1793 zurückerobert.

Pitt: William Pitt (geb. 1759, gest. 1806) war britischer Premi- 22.367
erminister, der dem revolutionären Frankreich feindlich gegenüberstand.

Cato: Marcus Porcius Cato (95–46 v. Chr.) war ein Senator, 22.375
Feldherr und Gegner Caesars. Er beging als Republikaner nach Caesars Sieg Selbstmord. Dieses Schicksal verbindet ihn mit dem Hébertisten Gaillard.

Becher des Socrates: Schierlingsbecher, den Sokrates trank, 22.377
obwohl eine Flucht vor seiner Hinrichtung möglich gewesen wäre; hier: Zeichen der Solidarität

Catilina: röm. Patrizier (108–62 v. Chr.), der einen Gewalt- 26.499
streich gegen die Republik unternahm, vom röm. Geschichtsschreiber Sallust (86 bis 35 v. Chr.) berichtet in *Über die Verschwörung des Catilina*

Medea: Gestalt der griech. Mythologie, die mit Jason floh und 28.559
ihren Bruder zerstückelt ins Meer warf, um ihren Verfolgern zu entkommen.

Adonis: Jüngling aus der griech. Mythologie von unsagbarer 31.666
Schönheit. Nachdem er von einem Eber zerrissen worden war, wuchsen aus seinem Blut Blumen.

Paetus: Römischer Konsul, der gemeinsam mit seiner Frau Ar- 32.701
ria an einer Verschwörung gegen Kaiser Claudius beteiligt war. Nach dem Scheitern der Revolte stieß seine Frau sich einen Dolch in die Brust und gab ihn mit diesen Worten an ihren Gatten weiter.

Brutus: Lucius Iunius Brutus (geb. 509 v. Chr.) war einer der 33.719

ersten beiden Konsuln Roms. Er soll an der Vertreibung des letzten etruskischen Königs mitgewirkt und seine Söhne zum Tod verurteilt haben, da sie die Wiederbelebung der Monarchie unterstützten.

40.950 **Schächer:** Straßenräuber; Anspielung auf die beiden Verbrecher, zwischen welchen Christus gekreuzigt wurde.

40.957 **St. Denis:** Nationalheiliger Frankreichs, der in Paris enthauptet wurde und anschließend seinen abgeschlagenen Kopf in den gleichnamigen Vorort getragen haben soll, wo er bestattet wurde.

42.1022 **Brutus:** Marcus Junius Brutus (geb. 85 v. Chr., gest. 42 v. Chr.) war einer der Verschwörer, die Cäsar ermordeten. Er wurde angesichts seiner republikanischen Gesinnung von den französischen Revolutionären verehrt.

43.1047 **Cordeliers:** Politische Gruppierung, benannt nach ihrem Versammlungsort (einem Kloster franziskanischer Mönche, deren Gewand von einer Kordel zusammengehalten wurde, frz. Cordelière).

47.1146 **Romulus:** Der Legende nach Gründer Roms, der gemeinsam mit seinem Zwillingsbruder von einer Wölfin gesäugt worden sein soll.

50.1267 **Pygmalion:** Figur aus der griech. Mythologie. Er erschuf eine Statue und verliebte sich in sie. Sie wurde darauf von Aphrodite zum Leben erweckt.

51.1270 **David:** Jacques-Louis David (1748 – 1825) war ein französischer Maler des Klassizismus und jakobinisches Mitglied des Konvents. Er malte u. a. politische Märtyrerbilder, vgl. auch sein berühmtestes Gemälde: *Der Tod des Marat* (1793), vgl. Material 9.

59.1543 **Lafayette:** Marie-Joseph Marquis de La Fayette (geb. 1757, gest. 1834) war ein französischer General und Politiker, musste 1792 fliehen.

59.1543 **Dumouriez:** Charles-François du Mouriez (geb. 1739, gest. 1823) war ein französischer General der Revolutionstruppen. Er floh ins Ausland, als er mit den Jakobinern in Konflikt geraten war.

60.1544 **Brissot:** Jacques-Pierre Brissot de Warville (geb. 1754, hingerichtet 1793) war ein Girondistenführer.

63.1647 **Pelias:** Figur der griechischen Mythologie, der von seinen

Töchtern zerstückelt und gekocht wurde, mit dem Ziel ihn zu verjüngen. Dieses Ziel schlug fehl.

Voltaire: Frz. Schriftsteller und Philosoph (geb. 1694, gest. 1778), 65.1713
einer der Hauptvertreter der Aufklärung. Er attackierte einerseits Kirche und Religion, hielt aber andererseits an der Existenz Gottes fest.

Pantheon: Ehrentempel für alle Götter in Rom, an dessen 71.1920
Anlehnung 1764 bis 1790 in Paris eine Grabstätte berühmter Franzosen gebaut wurde.

Mirabeau: Franz. Publizist und Politiker (geb. 1749, gest. 1791) 71.1922
war ein Jakobinerführer, suchte den Ausgleich mit dem Königtum und stand der Nationalversammlung vor.

Orleans: Louis-Philippe Herzog von Orléans (geb. 1747, hin- 71.1922
gerichtet am 6. November 1793 in Paris) war ein Verwandter des Königs und stimmte als radikaler Jakobiner gleichzeitig für dessen Tod.

Oedipus: Ödipus ist eine Figur der griechischen Mythologie. 75.2046
Er tötete seinen Vater, den König von Theben, und heiratete später seine eigene Mutter. Er erkennt seine leiblichen Eltern zunächst nicht, da er bei Pflegeeltern aufwuchs.

Hörnerne Siegfried: Germanische Sagengestalt. Durch das Ba- 77.2110
den im Blut des von ihm getöteten Drachen wurde Siegfried durch eine Hornhaut (bis auf eine kleine ausgesparte Stelle) unverwundbar.

Der ewige Jude: Christliche Legende von Ahasverus, der Chris- 83.2304
tus, auf seinem Weg mit dem Kreuz nach Golgatha, eine Ruhepause vor seinem Haus verwehrte. Als Strafe sei er verflucht und befinde sich auf ewiger Wanderschaft bis Christus am Jüngsten Tag wiederkomme, um ihn zu richten. Die Legende war insbesondere in der Literatur des 18. und 19. Jahrhunderts weit verbreitet.

Couthon: Georges Auguste Couthon (geb. 1755, 1794 hinge- 96.2661
richtet in Paris) war ein enger Freund und Anhänger Robespierres. Er war gehbehindert.

Stoiker: Anhänger einer Philosophie, die besonders ein durch 98.2729
Gelassenheit, Vernunft und Tugend geprägtes Leben anrät. Dies sei durch das Beherrschen von Affekten und Begierden zu erreichen.

Materialien

Material 1

Peter von Becker: Stichworte zur Französischen Revolution [in: Georg Büchner: Dantons Tod. Kritische Studienausgabe des Originals mit Quellen, Aufsätzen und Materialien. Hrsg. von Peter von Becker. 2., verbesserte Aufl., Frankfurt a.M. S.166–168.]

Zwischen *1787* und *1789* verschärft sich die durch Staatsverschuldung (höfische Verschwendung, Inflation) und Missernten hervorgerufene Finanz- und Wirtschaftskrise Frankreichs unter dem Ancien Régime. Der dritte Stand, bürgerliche Gewerbetreibende und Akademiker, Bauern und Lohnarbeiter, insgesamt 98 % der Bevölkerung, drängen gegenüber Adel und Klerus auf stärkere politische Teilhabe und eine Aufhebung der feudalen Steuer- und Zollgesetze. Mit der Führungsschicht eines emporstrebenden Handels- und Bildungsbürgertums verbindet sich eine Minderheit des demokratisch bzw. konstitutionell-monarchistisch gesinnten Adels […].

Im *Mai/Juni 1789* Versammlung der Generalstände in Versailles, am *17.6.1789* Umwandlung der Generalstände in die Nationalversammlung zur Ausarbeitung einer neuen Verfassung; mit dem „Ballhausschwur", am *20.6.* Bekräftigung dieses Willens durch den dritten Stand gegen Hof, Adel und Klerus; *14.7.1789* spontane Erstürmung der Bastille durch Pariser Volksmassen. Im *Juli/August* Bauernaufstände, Bildung einer Bürgermiliz in Paris, später von Nationalgarden in mehreren Städten, Abschaffung der Adelsprivilegien, am *26.8.1789* Erklärung der Menschen- und Bürgerrechte nach amerikanischem Vorbild; *6.10.1789:* der königliche Hof und die Nationalversammlung verlegen auf Druck der demokratischen […] Öffentlichkeit hin ihren Sitz von Versailles nach Paris. Ebenfalls wählt der durch Abgeordnete des dritten Standes Ende April gegründete „Club Breton" seinen neuen Tagungsort in Paris: in einem Jakobinerkloster; daher wird die Vereinigung später zum Jakobinerclub.

Bis Ende 1791: Nationalisierung der Kirchenländereien […]

mit der Folge neuer Bereicherung des Besitzbürgertums und weiterer Inflation; [...] die Trikolore wird zur Nationalflagge; Spaltung des Jakobinerclubs in Monarchisten und Republikaner; Unruhen und Blutbäder in Paris und den Provinzen; Beginn einer preußisch-österreichischen Allianz gegen Frankreich; Ludwig XVI., dessen Fluchtversuch im *Juni 1791* nahe der belgisch-französischen Grenze gescheitert war, leistet am *14. 9. 1791* den Eid auf eine monarchisch-liberale Verfassung (gesetzgebende Kammer, gegen die Legislative hat der König nur ein aufschiebendes Veto, Wahl von Friedensrichtern und Geschworenen durch das „Volk", d. h. Männer über 21 Jahre, Presse- und Versammlungsfreiheit, Abschaffung von Adelstiteln usw.). In der neuen Gesetzgebenden Versammlung sind die republikanischen Jakobiner noch in der Minderheit, selbst geteilt in gemässigte Girondisten und die radikale Fraktion unter Führung Dantons und Couthons; Robespierre ist nicht Mitglied der Versammlung, aber im Jakobinerclub Wortführer der Radikalen.

Am *20. 4. 1792* erklärt Frankreich Österreich den Krieg; fünf Tage später komponiert Hauptmann Rouget de L'Isle [...] den „Kriegsgesang der Rheinarmee", den auch Marseiller Freiwillige bei ihrem Einzug in Paris Ende Juli singen – danach wird die Marseillaise benannt und zur Hymne der Revolution. Im selben Monat erscheint der zweite Teil der „Rechte des Menschen" von Thomas Paine, eine Antwort des englisch-amerikanischen Freiheitskämpfers und Republikaners auf die in England und unter Royalisten einflussreichen konterrevolutionären „Betrachtungen über die Französische Revolution" von Edmund Burke; Robespierre drängt im Jakobinerclub auf den Sturz Ludwigs XVI., der in ständiger Fehde mit den Verfassungsorganen liegt und verdächtigt wird, Kontakte zu ausländischen Mächten zu halten. Am *19. 8. 1792* läuft Lafayette zu den Österreichern über, preußische Truppen dringen nach Frankreich ein; am *2.9.* Aufruf Dantons in der Gesetzgebenden Versammlung zur „Rettung des Vaterlandes". An diesem und vier folgenden Tagen gehen in Paris Gerüchte von Konspiration und konterrevolutionären Bestrebungen um, worauf spontan errichtete „Volkstribunale" unter über 1100 Pariser Gefängnisinsassen, vor allem oppositionellen Priestern, eine

lynchähnliche Schnelljustiz mit sofort vollstreckten Todesurteilen üben. Danton tritt als Justizminister dem u. a. von Marat geschürten revolutionär-patriotischen Volkszorn nicht entgegen, daher, von konterrevolutionären Quellen befördert, der Eingang des „Septembermorde"-Motivs in Büchners Stück.
Am *20. 9. 1792* siegt die Revolutionsarmee in der Schlacht („Kanonade") von Valmy, die ein Signal zum Rückzug der alliierten Gegner Frankreichs bewirkt. Am *21.9.* tritt erstmals der Nationalkonvent als Nachfolger der tags zuvor aufgelösten Gesetzgebenden Versammlung zusammen. Rund 200 gemäßigten Girondisten sitzen in der Höhe des Saals etwa 120 Mitglieder der Jakobiner gegenüber (deshalb: die Montagne, die Bergpartei, der im Parlament nun auch Robespierre angehört), der übrige Teil der 750 Abgeordneten, politisch und ideologisch schwankend, gehören zur „Ebene", dem immer wieder nachgebenden „Sumpf" (Marais, Plaine). Der Nationalkonvent erklärt am selben Tag Frankreich zur Republik. Am *13.11.* im Konvent Eröffnung der Debatte über den Prozess gegen den Bürger Louis Capet, vormals Ludwig XVI., der mit seiner Familie bereits im August unter Hausarrest [...] gestellt wurde; erstes Hervortreten von St. Just; am *20.11.* werden Geheimpapiere des Königs entdeckt, die seine Verbindungen zu den Kriegsgegnern beweisen.
Ludwig XVI. wird am *18. 1. 1793* zum Tode verurteilt und am *21.1.* öffentlich guillotiniert.
Im folgenden kämpft die Republik, neben der Bedrohung durch die europäischen Monarchien, zunehmend mit der verschleppten Wirtschaftskrise und den Versorgungsschwierigkeiten im Inneren. Weitere Fraktionierungen unter Politikern und Militärs, General Dumouriez, der Sieger von Valmy und Freund Dantons, desertiert zu den Österreichern am *5. 4. 1793.* Einen Tag später wird auf Antrag Dantons der Wohlfahrtsausschuss als Regierungsorgan etabliert. Weiter sich verschärfende soziale Auseinandersetzungen, [...] antijakobinischer Aufstand in Lyon, dem Chalier zum Opfer fällt, kurz zuvor, am *13.7.*, wird Marat durch die Royalistin Charlotte Corday ermordet; mittlerweile nimmt von Seiten der Sansculotten, der bürgerlichen (seltener: proletarischen), militant politisierten Unterschicht, der Druck auf die Revolutionsregierung zu,

die politisch egalitäre Umwälzung in eine sozial egalitäre, d.h. das Eigentum der alten und neuen Herrschaftsklasse (Adel und Besitzbürgertum) angreifende Revolution, fortzutreiben. Am *10.7.* ist Danton bereits aus dem Wohlfahrtsausschuss ausgeschieden, in den am *27.7.* Robespierre zugewählt wird. Im *September 1793* neue, erweiterte Preiskontrollen und Beginn der terroristischen Revolutionsjustiz, die sich sowohl gegen Konterrevolutionäre wie gegen Sozialradikale wendet. Am *5.10.1793* Einführung des republikanischen Kalenders, fünf Tage darauf erhält der Wohlfahrtsausschuss diktatorische Vollmachten, und die im Frühsommer angenommene jakobinisch-republikanische Verfassung wird bis zu einem Friedensschluss mit den Kriegsgegnern suspendiert. Die andauernde aussenpolitische Bedrohung der Republik nutzt insbesondere Robespierre für eine nationalistisch-patriotische Agitation zur Verdrängung innerer politischer und wirtschaftlicher Schwierigkeiten der Revolutionsregierung, die den Volksmassen eher Blut (der Hingerichteten) als Brot bieten kann. Siege der Revolutionsarmee an der äusseren Front und über Aufständische (Bauern der Vendée) im Bürgerkrieg, Hinrichtung u.a. von Marie Antoinette, Madame Roland und Führern der gemäßigten Girondisten, Verhaftung mehrerer Anhänger Dantons in der Korruptionsaffäre einer „Compagnie Indes"; auch Danton steht nun im Geruch der Korruption. Im *November 1793* tritt Robespierre dem Entchristianisierungsfeldzug einer sozialradikalen Jakobinergruppe um Hébert entgegen; Danton beginnt mit seinen Anhängern auf eine Beendigung des revolutionären Terrors zu dringen, ebenso Camille Desmoulins in seiner neu gegründeten Zeitschrift […].

Im *März 1794* rechnen Robespierre und St. Just mit ihren linken und rechten Gegnern ab: erst werden die „Ultras" um Hébert exekutiert, in der Nacht vom *30.* zum *31.3.1794* wird Danton mit einigen Anhängern verhaftet und am *5.4.* zusammen mit Camille Desmoulins und anderen hingerichtet.

Am *8.6.1794* das „Fest des Höchsten Wesens und der Natur" auf dem Marsfeld, bei dem Robespierre zum letzten Mal im Zenith seiner Macht zu stehen scheint. Ende Juni schlagen die Revolutionstruppen die Österreicher bei Fleurus in Belgien endgültig zurück, und die robespierristische Regierung verstärkt den Terror im Inneren, ohne die soziale und wirtschaftliche Krise unter Kontrolle zu bringen. Ein erstes Maximum auch der Löhne verscherzt Robespierre Sympathien der Sansculotterie, während das Nachlassen des aussenpolitischen Drucks die Gegner des innenpolitischen Terrors stärkt. Robespierre gerät in die Defensive, prophezeit in seiner letzten Konventsrede am *27. 7. 1794* eine Militärdiktatur, wird am *27.7.*, dem *9. Thermidor* im republikanischen Kalender, zusammen mit St. Just verhaftet und am *28. 7. 1794* ohne Prozess hingerichtet. In den nächsten Tagen enden 105 seiner Anhänger unter der Guillotine, im *September 1794* beginnt der „weisse" Gegenterror der bürgerlichen Revolutionsgewinnler gegen Sansculotten und Jakobiner in Paris, am *11. 11. 1794* wird der Jakobinerklub geschlossen.

1795 gewinnt die Rechte immer mehr die Oberhand; am *7. 5. 1795* endet Fouquier-Tinville, der öffentliche Ankläger während der Jakobinerherrschaft, auf dem Schafott, Aufstände der sozialen Unterschicht werden niedergeschlagen, am *22. 8. 1795* Verkündung der Direktorialverfassung. *Ab 1796* militärische und aussenpolitische Erfolge Napoleon Bonapartes; am *27. 5. 1797* Hinrichtung des Frühsozialisten Babeuf; im *Oktober 1799* kehrt General Bonaparte von seinem Nahostfeldzug nach Frankreich zurück, stürzt am *9. 11.* [...] die Direktorialregierung, macht sich am *13.12.* zum Ersten Konsul. Mit einer neuen Verfassung proklamiert der Diktator Napoleon Bonaparte am *15. 12. 1799* sein Dekret „über die Beendigung der Revolution":

„Die Verfassung gründet sich auf die wahren Prinzipien der Repräsentativregierung, auf die geheiligten Rechte des Eigentums, der Gleichheit und Freiheit. [...] Bürger, die Revolution hält an den Grundsätzen, die an ihrem Beginn standen, fest. Sie ist beendet."

Material 2

Georg Büchner: Der Hessische Landbote
[in: Georg Büchner: Werke und Briefe. Münchner Ausgabe, hrsg. von Karl Pörnbacher, Gerhard Schaub, Hans-Joachim Sinn und Edda Ziegler, München[8] 2001, S. 52–58.]

Der „Hessische Landbote" ist eine 1834 von Georg Büchner verfasste politische Flugschrift und gilt als eines der wichtigsten Werke des Vormärz. Das Pamphlet zielte darauf ab, die benachteiligten Klassen der Gesellschaft zu mobilisieren, ihre Interessen offensiver durchzusetzen. Büchner und seine Mitstreiter versuchten das Volk von der Dringlichkeit einer Revolution gegen das Großherzogtum Hessen zu überzeugen. Da „Der Hessische Landbote" die verschiedenen Forderungen oppositioneller Kräfte vereinte, galt er als politisch äußerst gefährlich. Dies führte dazu, dass Büchner steckbrieflich gesucht wurde.

Darmstadt, im Juli 1834.

[…]

Friede den Hütten! Krieg den Pallästen!

[…]

Im Jahr 1789 war das Volk in Frankreich müde, länger die Schindmähre seines Königs zu sein. Es erhob sich und berief Männer, denen es vertraute, und die Männer traten zusammen und sagten, ein König sei ein Mensch wie ein anderer auch, er sei nur der erste Diener im Staat, er müsse sich vor dem Volk verantworten und wenn er sein Amt schlecht verwalte, könne er zur Strafe gezogen werden. Dann erklärten sie die Rechte des Menschen: „Keiner erbt vor dem andern mit der Geburt ein Recht oder einen Titel, keiner erwirbt mit dem Eigentum ein Recht vor dem andern. Die höchste Gewalt ist in dem Willen Aller oder der Mehrzahl. Dieser Wille ist das Gesetz, er tut sich kund durch die Landstände oder die Vertreter des Volks, sie werden von Allen gewählt und Jeder kann gewählt werden; diese Gewählten sprechen den Willen ihrer Wähler aus, und so entspricht der Wille der Mehrzahl unter ihnen dem Willen der Mehrzahl unter dem Volke; der König hat nur für die Ausübung der von ihnen erlassenen Gesetze zu sorgen." Der König schwur dieser Verfassung treu zu sein, er wurde aber meineidig an dem Volke und das Volk richtete ihn, wie es einem Verräter geziemt. Dann schafften die Franzosen die erbliche Königswürde ab und wählten frei eine neue Obrigkeit, wozu jedes Volk nach der Vernunft und der heiligen Schrift das Recht hat. Die Männer, die über die Vollziehung der Gesetze wachen sollten, wurden von der Versammlung der Volksvertreter ernannt, sie bildeten die neue Obrigkeit. So waren Regierung und Gesetzgeber vom Volk gewählt und Frankreich war ein Freistaat. Die übrigen Könige aber entsetzten sich vor der Gewalt des französischen Volkes, sie dachten, sie könnten alle über der ersten Königsleiche den Hals brechen und ihre mißhandelten Untertanen möchten bei dem Freiheitsruf der Franken erwachen. Mit gewaltigem Kriegsgerät und reisigem Zeug stürzten sie von allen Seiten auf Frankreich und ein großer Teil der Adligen und Vornehmen im Lande stand auf und schlug sich zu dem Feind. Da ergrimmte das Volk und erhob sich in seiner Kraft. Es erdrückte die Verräter und zerschmetterte die Söldner der Könige. Die junge Freiheit wuchs im Blut der Tyrannen und vor ihrer Stimme bebten die Throne und jauchzten die Völker. Aber die Franzosen verkauften selbst ihre junge Freiheit für den Ruhm, den ihnen Napoleon darbot, und erhoben ihn auf den Kaiserthron. – Da ließ der Allmächtige das Heer des Kaisers in Rußland erfrieren und züchtigte Frankreich durch die Knute der Kosaken und gab den Franzosen die dickwanstigen Bourbonen wieder zu Königen, damit Frankreich sich bekehre vom Götzendienst der erblichen Königsherrschaft und dem Gotte diene, der die Menschen frei und gleich geschaffen. Aber als die Zeit seiner Strafe verflossen war, und tapfere Männer im Julius 1830 den meineidigen König Karl den Zehnten aus dem Lande jagten, da wendete dennoch das befreite Frankreich sich abermals zur *halberblichen* Königsherrschaft und band sich in dem Heuchler Louis Philipp eine neue Zuchtrute auf. In Deutschland und ganz Europa aber war große Freude als der zehnte Karl vom Thron gestürzt ward, und die unterdrückten deutschen Länder richteten sich zum Kampf für die Freiheit. Da ratschlagten die Fürsten, wie sie dem Grimm des Volkes entgehen sollten und die listigen unter ihnen sagten: Laßt uns einen Teil unserer Gewalt abgeben, daß wir das Übrige behalten. Und sie traten vor das Volk und sprachen: Wir wollen euch die Freiheit schenken um die ihr kämpfen wollt. – Und zitternd vor Furcht warfen sie einige Brocken hin und sprachen von ihrer Gnade. Das Volk traute ihnen leider und legte sich zur Ruhe. – Und so ward Deutschland betrogen wie Frankreich. Denn was sind diese Verfassungen in Deutschland? Nichts als leeres Stroh, woraus die Fürsten die Körner für sich herausgeklopft haben. Was sind unsere Landtage? Nichts als langsame Fuhrwerke, die man einmal oder zweimal wohl der Raubgier der Fürsten und ihrer Minister in den Weg schieben, woraus man aber nimmermehr eine feste Burg für deutsche Freiheit bauen kann. Was sind unsere Wahlgesetze? Nichts als Verletzungen der Bürger- und Menschenrechte der meisten Deutschen. […] Denkt an die Verfassung des Großherzogtums. – Nach den Artikeln derselben ist der Großherzog unverletzlich, heilig und unverantwortlich. Seine Würde ist erblich in seiner Familie, er hat das Recht Krieg zu führen und ausschließliche Verfügung über das Militär. Er beruft die Landstände, vertagt sie oder löst sie auf. Die Stände dürfen keinen Gesetzes-Vorschlag machen, sondern sie müssen um das Gesetz bitten, und dem Gutdünken des Fürsten bleibt es unbedingt überlassen, es zu geben oder zu verweigern. Er bleibt im Besitz einer fast unumschränkten Gewalt, nur darf er keine neuen Gesetze machen und keine neuen Steuern ausschreiben ohne Zustimmung der Stände. Aber teils kehrt er sich nicht an diese Zustimmung, teils genügen ihm die alten Gesetze, die das Werk der Fürstengewalt sind, und er bedarf darum keiner neuen Gesetze. Eine solche Verfassung ist ein elend jämmerlich Ding. Was ist von Ständen zu erwarten, die an eine solche Verfassung gebunden sind? Wenn unter den Gewählten auch keine Volksverräter und feige Memmen wären, wenn sie aus lauter entschlossenen Volksfreunden bestünden?! Was ist von Ständen zu erwarten, die kaum die elenden Fetzen einer armseligen Verfassung zu verteidigen vermögen! – Der einzige Widerstand, den sie zu leisten vermochten, war die Verweigerung der zwei Millionen Gulden, die sich der Großherzog von dem überschuldeten Volke wollte schenken lassen zu Bezahlung seiner Schulden. – Hätten aber auch die Landstände des Großherzogtums genügende Rechte, und hätte das Großherzogtum, aber nur das Großherzogtum allein, eine wahrhafte Verfassung, so würde die Herrlichkeit doch bald zu Ende sein. Die Raubgeier in Wien und Berlin würden ihre Henkerskrallen ausstrecken und die kleine Freiheit mit Rumpf und Stumpf ausrotten. Das ganze deutsche Volk muß sich die Freiheit erringen. Und diese Zeit, geliebte Mitbürger, ist nicht ferne.

[...]

Material 3

Briefe von und an Büchner

[in: Georg Büchner: Werke und Briefe. Münchner Ausgabe, hrsg. von Karl Pörnbacher, Gerhard Schaub, Hans-Joachim Sinn und Edda Ziegler, München [8]2001, S. 278 f., 285 f., 288 f., 297, 300 f., 305 f., 312 f., 319 f., 334 f., 336 f., 337.]

Die nachfolgenden Briefe von und an Büchner dokumentieren zum einen die politischen und sozialen Verhältnisse des Vormärz, zum anderen gewähren sie einen Einblick in die Hintergründe der Veröffentlichung von „Dantons Tod" sowie seine zeitgenössische Beurteilung durch Gutzkow, dem ersten Förderer des jungen Büchner. Dieser sorgte dafür, dass Büchners Drama in der Zeitschrift „Phönix" erscheinen konnte.

Büchner an die Familie

Straßburg, [um den 6.] April 1833.

[...] Meine Meinung ist die: Wenn in unserer Zeit etwas helfen soll, so ist es *Gewalt.* Wir wissen, was wir von unseren Fürsten zu erwarten haben. Alles, was sie bewilligten, wurde ihnen durch die Notwendigkeit abgezwungen. Und selbst das Bewilligte wurde uns hingeworfen, wie eine erbettelte Gnade und ein elendes Kinderspielzeug, um dem ewigen Maulaffen *Volk* seine zu eng geschnürte Wickelschnur vergessen zu machen. Es ist eine blecherne Flinte und ein hölzerner Säbel, womit nur ein Deutscher die Abgeschmacktheit begehen konnte, Soldatchens zu spielen. Unsere Landstände sind eine Satyre auf die gesunde Vernunft, wir können noch ein Säkulum damit herumziehen, und wenn wir die Resultate dann zusammennehmen, so hat das Volk die schönen Reden seiner Vertreter noch immer teurer bezahlt, als der römische Kaiser, der seinem Hofpoeten für zwei gebrochene Verse 20,000 Gulden geben ließ. Man wirft den jungen Leuten den Gebrauch der Gewalt vor. Sind wir denn aber nicht in einem ewigen Gewaltzustand? Weil wir im Kerker geboren und großgezogen sind, merken wir nicht mehr, daß wir im Loch stecken mit angeschmiedeten Händen und Füßen und einem Knebel im Munde. Was nennt Ihr denn *gesetzlichen Zustand*? Ein *Gesetz*, das die große Masse der Staatsbürger zum fronenden Vieh macht, um die unnatürlichen Bedürfnisse einer unbedeutenden und verdorbenen Minderzahl zu befriedigen? Und dies Gesetz, unterstützt durch eine rohe Militärgewalt und durch die dumme Pfiffigkeit seiner Agenten, dies Gesetz ist eine *ewige, rohe Gewalt*, angetan dem Recht und der gesunden Vernunft, und ich werde mit *Mund* und *Hand* dagegen kämpfen, wo ich kann. Wenn ich an dem, was geschehen, keinen Teil genommen und an dem, was vielleicht geschieht, *keinen Teil* nehmen werde, so geschieht es weder aus Mißbilligung, noch aus Furcht, sondern nur weil ich im gegenwärtigen Zeitpunkt jede revolutionäre Bewegung als eine vergebliche Unternehmung betrachte und nicht die Verblendung Derer teile, welche in den Deutschen ein zum Kampf für sein Recht bereites Volk sehen. […]

Büchner an die Familie
Gießen, im Februar 1834.
[…] *Ich verachte Niemanden,* am wenigsten wegen seines Verstandes oder seiner Bildung, weil es in Niemands Gewalt liegt, kein Dummkopf oder kein Verbrecher zu werden, – weil wir durch gleiche Umstände wohl Alle gleich würden, und weil die Umstände außer uns liegen. Der *Verstand* nun gar ist nur eine sehr geringe Seite unsers geistigen Wesens und die Bildung nur eine sehr zufällige Form desselben. Wer mir eine solche Verachtung vorwirft, behauptet, daß ich einen Menschen mit Füßen träte, weil er einen schlechten Rock anhätte. Es heißt dies, eine Roheit, die man Einem im Körperlichen nimmer zutrauen würde, ins Geistige übertragen, wo sie noch gemeiner ist. Ich kann Jemanden einen Dummkopf nennen, ohne ihn deshalb zu *verachten*; die Dummheit gehört zu den allgemeinen Eigenschaften der menschlichen Dinge; für ihre Existenz kann ich nichts, es kann mir aber Niemand wehren, Alles, was existiert, bei seinem Namen zu nennen und dem, was mir unangenehm

ist, aus dem Wege zu gehn. Jemanden kränken, ist eine Grausamkeit, ihn aber zu suchen oder zu meiden, bleibt meinem Gutdünken überlassen. [...] Man nennt mich einen *Spötter*. Es ist wahr, ich lache oft, aber ich lache nicht darüber, *wie* Jemand ein Mensch, sondern nur darüber, *daß* er ein Mensch ist, wofür er ohnehin nichts kann, und lache dabei über mich selbst, der ich sein Schicksal teile. Die Leute nennen das Spott, sie vertragen es nicht, daß man sich als Narr produziert und sie duzt; sie sind Verächter, Spötter und Hochmütige, weil sie die Narrheit nur *außer sich* suchen. Ich habe freilich noch eine Art von Spott, es ist aber nicht der der Verachtung, sondern der des Hasses. Der Haß ist so gut erlaubt als die Liebe, und ich hege ihn im vollsten Maße gegen die, *welche verachten*. Es ist deren eine große Zahl, die im Besitze einer lächerlichen Äußerlichkeit, die man Bildung, oder eines toten Krams, den man Gelehrsamkeit heißt, die große Masse ihrer Brüder ihrem verachtenden Egoismus opfern. Der Aristokratismus ist die schändlichste Verachtung des heiligen Geistes im Menschen; gegen ihn kehre ich seine eigenen Waffen; Hochmut gegen Hochmut, Spott gegen Spott. Ihr würdet euch besser bei meinem Stiefelputzer nach mir umsehn; mein Hochmut und Verachtung Geistesarmer und Ungelehrter fände dort wohl ihr bestes Objekt. Ich bitte, fragt ihn einmal ... Die Lächerlichkeit des Herablassens werdet Ihr mir doch wohl nicht zutrauen. Ich hoffe noch immer, daß ich leidenden, gedrückten Gestalten mehr mitleidige Blicke zugeworfen, als kalten, vornehmen Herzen bittere Worte gesagt habe. – [...]

Büchner an Wilhelmine Jaeglé
[Gießen, um den 9.-12. März 1834.]
[...] Ich studierte die Geschichte der Revolution. Ich fühlte mich wie zernichtet unter dem gräßlichen Fatalismus der Geschichte. Ich finde in der Menschennatur eine entsetzliche Gleichheit, in den menschlichen Verhältnissen eine unabwendbare Gewalt, Allen und Keinem verliehen. Der Einzelne nur Schaum auf der Welle, die Größe ein bloßer Zufall, die Herrschaft des Genies ein Puppenspiel, ein lächerliches Ringen gegen ein ehernes Gesetz, es zu erkennen das Höchste, es zu beherrschen unmöglich. Es fällt mir nicht mehr ein, vor den

Paradegäulen und Eckstehern der Geschichte mich zu bücken. Ich gewöhnte mein Auge ans Blut. Aber ich bin kein Guillotinenmesser. Das *muß* ist eins von den Verdammungsworten, womit der Mensch getauft worden. Der Ausspruch: es muß ja Ärgernis kommen, aber wehe dem, durch den es kommt, – ist schauderhaft. Was ist das, was in uns lügt, mordet, stiehlt? Ich mag dem Gedanken nicht weiter nachgehen. […]

Büchner an Karl Gutzkow
[Darmstadt, Ende Februar 1835.]
Mein Herr!
Vielleicht hat es Ihnen die Beobachtung, vielleicht, im unglücklicheren Fall, die eigne Erfahrung schon gesagt, daß es einen Grad von Elend gibt, welcher jede Rücksicht vergessen und jedes Gefühl verstummen macht […] und werden sich also nicht wundern, wie ich Ihre Türe aufreiße, in Ihr Zimmer trete, Ihnen ein Manuskript auf die Brust setze und ein Almosen abfordere. Ich bitte Sie nämlich, das Manuskript so schnell als möglich zu durchlesen, es, im Fall Ihnen Ihr *Gewissen als Kritiker dies erlauben sollte*, dem Herrn S[auerländer] zu empfehlen, und sogleich zu antworten.
Über das Werk selbst kann ich Ihnen nichts weiter sagen, als daß unglückliche Verhältnisse mich zwangen, es in höchstens fünf Wochen zu schreiben. Ich sage dies, um Ihr Urteil über den Verfasser, nicht über das Drama an und für sich, zu motivieren. Was ich daraus machen soll, weiß ich selbst nicht, nur das weiß ich, daß ich alle Ursache habe, der Geschichte gegenüber rot zu werden; doch tröste ich mich mit dem Gedanken, daß, Shakespeare ausgenommen, alle Dichter vor ihr und der Natur wie Schulknaben dastehen.
Ich wiederhole meine Bitte um schnelle Antwort; im Falle eines günstigen Erfolgs können einige Zeilen von Ihrer Hand, wenn sie noch vor nächstem Mittwoch hier eintreffen, einen Unglücklichen vor einer sehr traurigen Lage bewahren.
Sollte Sie vielleicht der Ton dieses Briefes befremden, so bedenken Sie, daß es mir leichter fällt, in Lumpen zu betteln, als im Frack eine Supplik zu überreichen und fast leichter, die Pistole in der Hand: la bourse ou la vie! zu sagen, als mit bebenden Lippen ein: Gott lohn' es! zu flüstern. *G. Büchner.*

Büchner an Gutzkow

Straßburg, [März 1835.]

Verehrtester!

Vielleicht haben Sie durch einen Steckbrief im Frankfurter Journal meine Abreise von Darmstadt erfahren. Seit einigen Tagen bin ich hier; ob ich bleiben werde, weiß ich nicht, das hängt von verschiedenen Umständen ab. Mein Manuskript wird unter der Hand seinen Kurs durchgemacht haben.

Meine Zukunft ist so problematisch, daß sie mich selbst zu interessieren anfängt, was viel heißen will. Zu dem subtilen Selbstmord durch *Arbeit* kann ich mich nicht leicht entschließen; ich hoffe, meine Faulheit wenigstens ein Vierteljahr lang fristen zu können, und nehme dann Handgeld entweder von den Jesuiten für den Dienst der Maria oder von den St. Simonisten für die femme libre oder sterbe mit meiner Geliebten. Wir werden sehen. Vielleicht bin ich auch dabei, wenn noch einmal das Münster eine Jakobiner-Mütze aufsetzen sollte. Was sagen Sie dazu? Es ist nur mein Spaß. Aber Sie sollen noch erleben, zu was ein Deutscher nicht fähig ist, wenn er Hunger hat. Ich wollte, es ginge der ganzen Nation wie mir. Wenn es einmal ein Mißjahr gibt, worin nur der Hanf gerät! Das sollte lustig gehen, wir wollten schon eine Boa Constriktor zusammen flechten. Mein Danton ist vorläufig ein seidnes Schnürchen und meine Muse ein verkleideter Samson.

Gutzkow an Büchner

Fr. 3 März 35

Verehrtester!

10 Friedrichsd'or will Ihnen Sauerländer geben unter der Bedingung, daß er mehres aus dem Drama für den Phönix benutzen darf, u daß Sie sich bereitwillig finden lassen, die Quecksilberblumen Ihrer Phantasie, u alles, was zu offenbar in die Frankfurter Brunnengasse u die Berlinische Königsmauer ablenkt, halb u halb zu kassieren. Mir freilich ist das so ganz recht, wie Sie es gegeben haben; aber Sauerl[änder] ist ein Familienvater, der 7 rechtmäßige Kinder im Ehebett gezeugt hat, u dem ich schon mit meinen Zweideutigkeiten ein Alp bin: wieviel mehr Sie mit Ihren ganz grellen und nur auf Eines bezüglichen Eindeutigkeiten! Also dies ist sehr notwendig.

Nun scheint es aber, als hätten Sie große Eile. Wo wollen Sie hin? brennt es Ihnen wirklich an den Sohlen? Ich kann Alles hören, nur nicht, daß Sie nach Amerika gehen. Sie müssen sich in der Nähe halten, (Schweiz, Frankr.) wo Sie Ihre herrlichen Gaben in die deutsche Literatur hineinflechten können; denn Ihr Danton verrät einen tiefen Fond, in den viel hineingeht, u viel heraus, u das sollten Sie ernstlich bedenken. Solche versteckte Genies, wie Sie, kommen mir grade recht; denn ich möchte, daß meine Prophezeiung für die Zukunft nicht ohne Belege bliebe, u Sie haben ganz das Zeug dazu, mitzumachen. Ich hoffe, daß Sie mir hierauf keine Antwort schuldig bleiben.
[…]
Ihr Gutzkow

Gutzkow an Büchner
Frankfurt a.M.. 17 März 35
Lieber, […] Sie sollten meine Ermunterung, in der Teilnahme an deutscher Literatur fortzufahren, nicht in den französischen Wind schlagen. Was Sie leisten können, zeigt Ihr Danton, den ich heute zu säubern angefangen habe, u der des Vortrefflichsten soviel enthält. Glauben Sie denn, daß sich irgend Etwas Positives für Deutschlands Politik tun läßt? Ich glaube, Sie taugen zu mehr, als zu einer Erbse, welche die offne Wunde der deutschen Revolution in der Eiterung hält. Treiben Sie wie ich den Schmuggelhandel der Freiheit: Wein verhüllt in Novellenstroh, nichts in seinem natürlichen Gewande: ich glaube, man nützt so mehr, als wenn man blind in Gewehre läuft, die keineswegs blindgeladen sind. Wär' es nicht, so hätt' ich mich in der Rechnung meines Lebens betrogen u müßte dann selbst meinen Untergang beschleunigen.
Noch drückt Sie Mangel. Hoffentlich haben Sie jetzt das, was Sie zehnmal verdient haben. Das beste Mittel der Existenz bleibt die Autorschaft, d.h. nicht die geächtete, sondern die noch etwas geachtete, wenigstens honorierte bei den Philistern, welche das Geld haben. Spekulieren Sie auf Ideen, Poesie, was Ihnen der Genius bringt. Ich will Kanal sein, oder Trödler, der Ihnen klingend antwortet. Bessern Rat weiß ich nicht, u ich möchte Ihnen doch welchen geben, u recht altklug Ihnen zurufen: gehen Sie in sich, werden Sie praktisch, u regeln Sie Ihr

Leben. Aber ich tu' es zagend; denn unsre Zeit hat eine ganz besondre Art Scham erfunden, nämlich die, *nicht unglücklich zu sein.*
Vergessen Sie nicht, von sich hören zu lassen.
Ihr G.

Gutzkow an Büchner
Frankfurt d 7. April 35
[…] Vom Danton hat der Phönix sein Teil schon abgedruckt, u damit viel Ehre eingelegt. Was ich Ihnen über Ihre Fähigkeit schon sagte, muß ich wiederholen. Es ist mir, als hätten Sie eine literarische Prädestination. Ich warte nur den Druck u die Ausgabe Ihres Buches ab, um Sie beim Publikum einzuführen. Aber warten Sie das nicht ab (denn Sauerländers Pressen schwitzen Tag u Nacht und für Danton könnte sich der Termin noch etwas hinausschieben) reißen Sie selbst die Flügeltüren auf, u stürzen Sie auf's Parquet. Man wird erst spröde sein, dann horchen u zuletzt sich hingeben. Das Selbstgefühl wird schon kommen. Meine Muse bäumte sich auch erst wie ein scheues Pferd vor der Autorschaft; ich hatte sogar schon ein Buch geschrieben, als ich noch immer daran zweifelte, ob ich's könnte: als ich aber Hunger bekam u mir in meiner Heimat, in Preußen, der Brodkorb hochgehangen wurde, da schrieb ich aus Desperation u freue mich nun, daß das Ding flott geht. […]

Büchner an die Familie
Straßburg, den 5. Mai 1835.
[…] [Gutzkow] ist im Augenblick in Berlin, muß aber bald wieder zurückkommen. Er scheint viel auf mich zu halten, ich bin froh darüber, sein Literaturblatt steht in großem Ansehn. […] Im Juni wird er hierherkommen, wie er mir schreibt. Daß Mehreres aus meinem Drama im Phönix erschienen ist, hatte ich durch ihn erfahren, er versicherte mich auch, daß das Blatt viel Ehre damit eingelegt habe. Das Ganze muß bald erscheinen. Im Fall es euch zu Gesicht kommt, bitte ich euch, bei eurer Beurteilung vorerst zu bedenken, daß ich der Geschichte treu bleiben und die Männer der Revolution geben mußte, wie sie waren, blutig, liederlich, energisch und zynisch. Ich betrachte

mein Drama wie ein geschichtliches Gemälde, das seinem Original gleichen muß. […]

Büchner an die Familie
Straßburg, 28. Juli 1835.
[…] Über mein Drama muß ich einige Worte sagen: erst muß ich bemerken, daß die Erlaubnis, einige Änderungen machen zu dürfen, allzusehr benutzt worden ist. Fast auf jeder Seite weggelassen, zugesetzt, und fast immer auf die dem Ganzen nachteiligste Weise. Manchmal ist der Sinn ganz entstellt oder ganz und gar weg, und fast platter Unsinn steht an der Stelle. Außerdem wimmelt das Buch von den abscheulichsten Druckfehlern. Man hatte mir keinen *Korrekturbogen* zugeschickt. Der Titel ist abgeschmackt, und mein Name steht darauf, was ich ausdrücklich verboten hatte; er steht außerdem nicht auf dem Titel meines Manuskripts. Außerdem hat mir der Korrektor einige Gemeinheiten in den Mund gelegt, die ich in meinem Leben nicht gesagt haben würde. Gutzkows glänzende Kritiken habe ich gelesen und zu meiner Freude dabei bemerkt, daß ich keine Anlagen zur Eitelkeit habe. Was übrigens die sogenannte Unsittlichkeit meines Buchs angeht, so habe ich Folgendes zu antworten: der dramatische Dichter ist in meinen Augen nichts, als ein Geschichtschreiber, steht aber *über* Letzterem dadurch, daß er uns die Geschichte zum zweiten Mal erschafft und uns gleich unmittelbar, statt eine trockne Erzählung zu geben, in das Leben einer Zeit hinein versetzt, uns statt Charakteristiken Charaktere, und statt Beschreibungen Gestalten gibt. Seine höchste Aufgabe ist, der Geschichte, wie sie sich wirklich begeben, so nahe als möglich zu kommen. Sein Buch darf weder *sittlicher* noch *unsittlicher* sein, als die *Geschichte selbst;* aber die Geschichte ist vom lieben Herrgott nicht zu einer Lektüre für junge Frauenzimmer geschaffen worden, und da ist es mir auch nicht übel zu nehmen, wenn mein Drama ebensowenig dazu geeignet ist. Ich kann doch aus einem Danton und den Banditen der Revolution nicht Tugendhelden machen! Wenn ich ihre Liederlichkeit schildern wollte, so mußte ich sie eben liederlich sein, wenn ich ihre Gottlosigkeit zeigen wollte, so mußte ich sie eben wie Atheisten sprechen lassen. Wenn einige unanständige Ausdrücke vorkommen, so denke

man an die weltbekannte, obszöne Sprache der damaligen Zeit, wovon das, was ich meine Leute sagen lasse, nur ein schwacher Abriß ist. Man könnte mir nur noch vorwerfen, daß ich einen solchen Stoff gewählt hätte. Aber der Einwurf ist längst widerlegt. Wollte man ihn gelten lassen, so müßten die größten Meisterwerke der Poesie verworfen werden. Der Dichter ist kein Lehrer der Moral, er erfindet und schafft Gestalten, er macht vergangene Zeiten wieder aufleben, und die Leute mögen dann daraus lernen, so gut, wie aus dem Studium der Geschichte und der Beobachtung dessen, was im menschlichen Leben um sie herum vorgeht. Wenn man *so* wollte, dürfte man keine Geschichte studieren, weil sehr viele unmoralische Dinge darin erzählt werden, müßte mit verbundenen Augen über die Gasse gehen, weil man sonst Unanständigkeiten sehen könnte, und müßte über einen Gott Zeter schreien, der eine Welt erschaffen, worauf so viele Liederlichkeiten vorfallen. Wenn man mir übrigens noch sagen wollte, der Dichter müsse die Welt nicht zeigen wie sie ist, sondern wie sie sein solle, so antworte ich, daß ich es nicht besser machen will, als der liebe Gott, der die Welt gewiß gemacht hat, wie sie sein soll. Was noch die sogenannten Idealdichter anbetrifft, so finde ich, daß sie fast nichts als Marionetten mit himmelblauen Nasen und affektiertem Pathos, aber nicht Menschen von Fleisch und Blut gegeben haben, deren Leid und Freude mich mitempfinden macht, und deren Tun und Handeln mir Abscheu oder Bewunderung einflößt. Mit einem Wort, ich halte viel auf Goethe oder Shakspeare, aber sehr wenig auf Schiller. Daß übrigens noch die ungünstigsten Kritiken erscheinen werden, versteht sich von selbst; denn die Regierungen müssen doch durch ihre bezahlten Schreiber beweisen lassen, daß ihre Gegner Dummköpfe oder unsittliche Menschen sind. Ich halte übrigens mein Werk keineswegs für vollkommen, und werde jede wahrhaft ästhetische Kritik mit Dank annehmen. – […]

Büchner an die Familie
Straßburg, den 1. Januar 1836.
[…] Ich muß lachen, wie fromm und moralisch plötzlich unsere Regierungen werden; der König von [Bayern] läßt unsittliche Bücher verbieten! da darf er seine Biographie nicht

erscheinen lassen, denn die wäre das Schmutzigste, was je geschrieben worden! Der Großherzog von [Baden], erster Ritter vom doppelten M[opsorden], macht sich zum Ritter vom heiligen Geist und läßt *Gutzkow* arretieren, und der liebe deutsche Michel glaubt, es geschähe Alles aus Religion und Christentum und klatscht in die Hände. Ich kenne die Bücher nicht, von denen überall die Rede ist; sie sind nicht in den Leihbibliotheken und zu teuer, als daß ich Geld daran wenden sollte. Sollte auch Alles sein, wie man sagt, so könnte ich darin nur die Verirrungen eines durch philosophische Sophismen falsch geleiteten Geistes sehen. Es ist der gewöhnlichste Kunstgriff, den großen Haufen auf seine Seite zu bekommen, wenn man mit recht vollen Backen: »unmoralisch!« schreit. Übrigens gehört sehr viel Mut dazu, einen Schriftsteller anzugreifen, der von einem deutschen Gefängnis aus antworten soll. *Gutzkow* hat bisher einen edlen, kräftigen Charakter gezeigt, er hat Proben von großem Talent abgelegt; woher denn plötzlich das Geschrei? Es kommt mir vor, als stritte man sehr um das Reich von dieser Welt, während man sich stellt, als müsse man der heiligen Dreifaltigkeit das Leben retten. Gutzkow hat in seiner Sphäre mutig für die Freiheit gekämpft; man muß doch die Wenigen, welche noch aufrecht stehn und zu sprechen wagen, verstummen machen! Übrigens gehöre ich *für meine Person* keineswegs zu dem sogenannten *Jungen Deutschland,* der literarischen Partei Gutzkows und Heines. Nur ein völliges Mißkennen unserer gesellschaftlichen Verhältnisse konnte die Leute glauben machen, daß durch die Tagesliteratur eine völlige Umgestaltung unserer religiösen und gesellschaftlichen Ideen möglich sei. Auch teile ich *keineswegs ihre Meinung über die Ehe und das Christentum*, aber ich ärgere mich doch, wenn Leute, die in der Praxis tausendfältig mehr gesündigt, als diese in der *Theorie*, gleich moralische Gesichter ziehn und den Stein auf ein jugendliches, tüchtiges Talent werfen. Ich gehe meinen Weg für mich und bleibe auf dem Felde des Dramas, das mit all diesen Streitfragen nichts zu tun hat; ich zeichne meine Charaktere, wie ich sie der Natur und der Geschichte angemessen halte, und lache über die Leute, welche mich für die Moralität oder Immoralität derselben verantwortlich machen wollen. Ich habe darüber meine eignen Gedanken. […]

Büchner an Gutzkow

[Straßburg, Anfang Juni (?) 1836]

Lieber Freund!

War ich lange genug stumm? Was soll ich Ihnen sagen? Ich saß *auch* im Gefängnis und im langweiligsten unter der Sonne, ich habe eine Abhandlung geschrieben in die Länge, Breite und Tiefe. […] Ich habe nämlich die fixe Idee, im nächsten Semester zu Zürich einen Kurs über die Entwickelung der deutschen Philosophie seit Cartesius zu lesen; dazu muß ich mein Diplom haben und die Leute scheinen gar nicht geneigt, meinem lieben Sohn Danton den Doktorhut aufzusetzen. […]

Übrigens; um aufrichtig zu sein, Sie und Ihre Freunde scheinen mir nicht grade den klügsten *Weg* gegangen zu sein. Die Gesellschaft mittelst der *Idee*, von der *gebildeten* Klasse aus reformieren? Unmöglich! Unsere Zeit ist rein *materiell*, wären Sie je direkter politisch zu Werke gegangen, so wären Sie bald auf den Punkt gekommen, wo die Reform von selbst aufgehört hätte. Sie werden nie über den Riß zwischen der gebildeten und ungebildeten Gesellschaft hinauskommen.

Ich habe mich überzeugt, die gebildete und wohlhabende Minorität, so viel Konzessionen sie auch von der Gewalt für sich begehrt, wird nie ihr spitzes Verhältnis zur großen Klasse aufgeben wollen. Und die große Klasse selbst? Für die gibt es nur zwei Hebel, materielles Elend und *religiöser Fanatismus*. Jede Partei, welche diese Hebel anzusetzen versteht, wird siegen. Unsre Zeit braucht Eisen und Brod – und dann ein *Kreuz* oder sonst so was. Ich glaube, man muß in sozialen Dingen von einem absoluten *Rechtsgrundsatz* ausgehen, die Bildung eines neuen geistigen Lebens im *Volk* suchen und die abgelebte moderne Gesellschaft zum Teufel gehen lassen. Zu was soll ein Ding, wie diese, zwischen Himmel und Erde herumlaufen? Das *ganze* Leben desselben besteht nur in Versuchen, sich die entsetzlichste Langeweile zu vertreiben. Sie mag aussterben, das ist das einzig Neue, was sie noch erleben kann. […]

Material 4

Georg Büchner: Dantons Tod, 2. Akt, 7. Szene (Ausschnitt) [in: Georg Büchner: Dantons Tod. Kritische Studienausgabe des Originals mit Quellen, Aufsätzen und Materialien. Hrsg. von Peter von Becker. 2., verbesserte Aufl., Frankfurt a. M. 1985.]

Die Kritische Studienausgabe von „Dantons Tod" kennzeichnet die zahlreichen historischen, literarischen und philosophischen Quellen, die Büchner für sein Drama verwendet und teils wörtlich zitiert hat. Die beiden wichtigsten sind:

UZ Unsere Zeit, oder geschichtliche Uebersicht der merkwürdigsten Ereignisse von 1789–1830, nach den vorzüglichsten französischen [englischen und deutschen] Werken bearbeitet von einem ehemaligen Officier[e] der kaiserlich-französischen Armee. [Hefttitel]. – Die Geschichte Unserer Zeit, bearbeitet von Carl Strahlheim [d. i. Johann Konrad Friederich], ehemaligem Officiere der kaiserlich französischen Armee. [Bandtitel]. 30 Bände (= 120 Hefte). – Stuttgart 1826–1830.

T Thiers, [Louis] A[dolphe] [et Félix Bodin (Bände I–II)]: Histoire de la Révolution française [...]. 10 Bände, hier: Band VI. – Paris 1823–1827.

Wörtliche Zitate sind im Folgenden halbfett hervorgehoben, sinngemäße Übernahmen aus der Quelle UZ sind mit durchgezogenen und aus der Quelle T mit punktierten Linien gekennzeichnet.
Von Büchner im Originalmanuskript nachträglich gestrichene bzw. überschriebene Stellen sind in spitze Klammern gesetzt, Ergänzungen in geschweifte Klammern. Handschriftliche Unterstreichungen werden als gesperrter Text dargestellt.

Der Nationalconvent.
Eine Gruppe von Deputieten.

Legendre. Soll denn **das Schlachten der Deputirten nicht aufhören?**
Wer ist noch sicher, wenn Danton fällt? UZ, S. 61

Ein Deputirter. Was thun?

Ein Andrer. Er muß vor den Schranken des Convent's gehört werden. Der Erfolg dießes Mittels ist sicher, was sollten sie seiner Stimme entgegensetzen?

Ein Anderer. Unmöglich, ein Decret verhindert uns.

Legendre. Es muß zurückgenommen oder eine Ausnahme gestattet werden. Ich werde den Antrag machen. Ich rechne auf Eure Unterstützung.

Der Präsident. Die Sitzung ist eröffnet.

T, S. 204 vgl. UZ, S. 93f.

Legendre. (besteigt die Tribüne) Vier Mitglieder des Nationalconvents sind verflossene Nacht verhaftet worden. Ich weiß, daß Danton einer von ihnen ist, die Namen der Übrigen kenne ich nicht. Mögen sie übrigens seyn, wer sie wollen, so verlange ich, daß sie vor den Schranken gehört werden. Bürger, ich erkläre es, ich halte Danton für eben so rein, wie mich selbst und ich glaube nicht, daß mir irgend ein Vorwurf gemacht werden kann. Ich will kein Mitglied des Wohlfahrts[-] oder des Sicherheitsausschusses angreifen, aber gegründete Ursachen lassen mich fürchten Privathaß und Privatleidenschaften könnten der Freiheit Männer entreißen, die ihr die größten Dienste erwiesen haben. Der Mann, welcher im Jahre 1792 Frankreich durch seine Energie rettete, verdient gehört zu werden, er muß sich erklären dürfen wenn man ihn des Hochverraths anklagt.

(Heftige Bewegung)

Einige Stimmen. Wir unterstützen Legendre's Vorschlag.

Ein Deputirter. Wir sind hier im Namen des Volkes, man kann uns ohne den Willen unserer Wähler nicht von unseren Plätzen reißen.

Ein Andrer. Eure Worte riechen nach Leichen, Ihr habt sie den Girondisten aus dem Mund genommen. Wollt Ihr Privilegien? Das Beil des Gesetzes schwebt über allen Häuptern.

Ein Anderer. Wir können unsern Ausschüssen nicht erlauben die Gesetzgeber aus dem Asyl des Gesetzes auf die Guillotine zu schicken.

Ein Anderer. Das Verbrechen hat kein Asyl, nur gekrönte Verbrechen finden eins auf dem Thron.

Ein Anderer. Nur Spitzbuben appelliren an das Asylrecht.

Ein Ander[er]. Nur Mörder erkennen es nicht an.

Robespierre. Die seit langer Zeit in dießer Versammlung unbekannte Verwirrung, beweißt, daß es sich <heute> um große Dinge handelt. Heute entscheidet sich's ob einige Männer den Sieg über das Vaterland davon tragen werden. Wie könnt Ihr Eure Grundsätze <so> weit genug verläugnen, um heute einigen Individuen das zu bewilligen, was Ihr gestern Chabot, Delaunay und Fabre verweigert habt? Was soll dießer Unterschied zu Gunsten einiger Männer? Was kümmern mich die Lobsprüche, die man sich selbst und seinen Freunden spendet? Nur zu viele Erfahrungen haben uns gezeigt, was davon zu halten sey. Wir fragen nicht ob ein Mann dieße oder jene patriotische Handlung vollbracht habe, wir fragen nach seiner ganzen politischen Laufbahn.

Legendre scheint die Namen der Verhafteten nicht zu wissen, T, S. 205 f. der ganze Convent kennt sie. Sein Freund Lacroix ist darunter. Warum scheint Legendre das nicht zu wissen? Weil er wohl weiß, daß nur die Schaamlosigkeit Lacroix vertheidigen kann. Er nannte nur Danton, weil er glaubt an dießen Namen knüpfe sich ein Privilegium. Nein, wir wollen keine Privilegien, wir wollen keine Götzen!

(Beyfall.)

Was hat Danton vor Lafayette, vor Dumouriez, vor Brissot, Fabre, Chabot, Hebert voraus? Was sagt man von dießen, was man nicht auch von ihm sagen könnte? Habt Ihr sie gleichwohl geschont? Wodurch verdient er einen Vorzug vor seinen Mitbürgern? Etwa, weil einige betrogne Individuen und Andere, die sich nicht betrügen ließen, sich um ihn reihten um in seinem Gefolge dem Glück und der Macht in die Arme zu laufen? Je mehr er die Patrioten betrogen hat, welche UZ, S. 96 f. Vertrauen in ihn setzten, desto nachdrücklicher muß er die Strenge der Freiheitsfreunde empfinden.

Man will Euch Furcht {*einflößen*} vor dem Mißbrauche einer Gewalt <einflö>, die Ihr selbst ausgeübt habt. Man schreit über den Despotismus der Ausschüsse, als ob das Vertrauen, welches das Volk Euch geschenkt und das Ihr dießen Aus- T, S. 207 schüssen übertragen habt, nicht <ihr> eine sichre Garantie ihres Patriotismus <sey.> wäre. Man stellt sich, als zittre man.

Aber ich sage Euch, wer in dießem Augenblicke zittert ist schuldig, denn nie zittert die Unschuld vor der öffentlichen Wachsamkeit.
(allgemeiner Beyfall.)

vgl. UZ, S. 97 f.

Man hat auch mi<r>ch {s}chrecken <einflö> wollen, man gab mir zu verstehen, daß die Gefahr, indem sie sich Danton nähere, auch bis zu mir dringen könne.
Man schrieb mir, Dantons Freunde hielten mich umlagert in der Meinung d<er>ie <Gedanke> Erinnerung an eine alte Verbindung, der blinde Glauben an erheuchelte Tugenden könnten mich bestimmen meinen Eifer und meine Leidenschaft für die Freiheit zu mäßigen.

T, S. 208

So erkläre ich denn, nichts soll mich aufhalten, und sollte auch Danton's Gefahr die meinige werden. Wir Alle haben etwas Muth und etwas Seelengröße nöthig. Nur Verbrecher und gemeine Seelen fürchten Ihresgleichen an ihrer Seite fallen zu sehen, weil sie, wenn kein{e} <Haufe> Schaar von Mitschuldigen sie mehr versteckt, sich dem Licht der Wahrheit ausgesezt sehen. Aber wenn es dergleichen Seelen in dießer Versammlung <auch> giebt, so giebt es in ihr auch heroische. Die Zahl der Schurken ist nicht groß <, nur wenige Arme gewann das Verbrechen>. Wir haben nur wenige Köpfe zu treffen und das Vaterland ist gerettet. (Beyfall)
Ich verlange, daß Legendre's Vorschlag zurückgewiesen werde.
(Die Deputirten erheben sich sämmtlich zum Zeichen allgemeiner Beystimmung.)

Material 5

Felix Frei: Rezension zu Dantons Tod im Literarischen Notizenblatt, Beilage zur Dresdner Abendzeitung, 28. 10. 1835
[in: Georg Büchner. Leben, Werk, Zeit. Ausstellung zum 150. Jahrestag des Hessischen Landboten. Unter Mitwirkung von Bettina Bischoff, Burghard Dedner u. a. bearbeitet von Thomas Michael Mayer, Marburg ³1987, S. 200 f.]

„Dantons Tod" sorgte nach seiner Veröffentlichung im Jahre 1835 für Aufsehen. Einerseits wurde sein politisch motivierter Ansatz

positiv gewürdigt, andererseits wurden die Form sowie die deftige Sprache des Dramas von einigen Kritikern scharf verurteilt, wie dem nachfolgenden Text zu entnehmen ist. Vgl. Material 7 für eine weitere Rezension des Dramas.

[…] Die Abendzeitung hat die Freude, eben so wohl von Mädchen und Frauen als von Jünglingen und Männern gelesen zu werden, und selbst das freierzogenste Mädchen und die erfahrenste Frau, so wie der noch unverdorbene Jüngling würden die Augen wegwenden von dem, was in diesem Werke [*Dantons Tod*] des „Genies", in diesem Blitzstrahle „der Eleganz" fast auf jeder Seite ihnen vorgeführt wird. Ich könnte daher meine Kritik, die ich nothwendig mit Stellen belegen müßte, nur für Männer schreiben, die kaltes Blut genug hätten, um hier als bloße Beurtheiler aufzutreten, ob sie es gleich allerdings wieder verlieren müßten, wenn sie Sitte und Würde der Literatur so verletzt sähen. Aber was würde dann aus diesem Bogen der literarischen Notizblätter werden […]? Eine Musterkarte von Anstößigkeiten; ein Blatt, das aus einem jener Bücher herausgerissen schien, welche jede gute Staatspolizei nie öffentlich auslegen läßt […]; ein Brandmal für deutsche Literatur, das ihr treuer Verehrer wenigstens nicht selbst ihr aufprägen will. Unbewiesen kann ich aber doch meine schwere Beschuldigung nicht lassen, und so genüge es denn […], nur die Seitenzahlen zu nennen, wo diese Auswüchse der Unsittlichkeit, diese Pestbeulen der Frechheit, die jetzt nur zu sehr in unserer schönen Literatur für Genialität angesehen wird, sich vorfinden. Das Werk fängt aber gleich in der ersten Rede Danton's damit an und spielt in dem Vorhalten von Coeur und Carreau gleich in jene schmuzige Farbe hinüber. Seite 7 u. 8 drückt man sich noch deutlicher aus. Vollkräftig ist aber die Scene S. 13 f., besonders S. 16. S. 32 stimmt das Gespräch zwischen Marion und Danton schon den Ton an, in welchen alsdann S. 36 f. die leichten Mädchen Adelaide und Rosalie vortrefflich einstimmen. Der Spaziergang S. 60 gibt wieder sehr Schönes, besonders ein Liedchen, zu hören, das aus einem weiblichen Munde der Inbegriff aller Indecenz ist. […]
Man wird mir aber vorwerfen, daß ich auf diese Art nur die *eine* Seite dieses Werkes beleuchtet habe, und es vielleicht im-

mer noch, von anderen aus betrachtet, ein Meisterstück seyn könne. Ich leugne dieß und zwar geradezu, denn nur das Sittliche kann auch schön seyn, das Unsittliche bleibt stets unschön, weil es der höheren Menschennatur uns entfremdet, uns zum Thiere herabwürdigt. [...]

Material 6

Karl Gutzkow: Nachruf auf Georg Büchner (Juni 1837)
[in: Georg Büchner: Werke und Briefe. Münchner Ausgabe, hrsg. von Karl Pörnbacher, Gerhard Schaub, Hans-Joachim Sinn und Edda Ziegler, München [8]2001, S. 398–401.]

Georg Büchner erkrankte an Typhus und verstarb am 19. Februar 1837 in Zürich. In seinem Nachruf auf Büchner würdigte Karl Gutzkow noch einmal dessen „außerordentliche Begabung", die sich insbesondere in „Dantons Tod" gezeigt habe. In diesem Zusammenhang stellt er zudem klar, dass er selbst das Drama stark vorzensiert habe, um seine Veröffentlichung zu ermöglichen.

[...]
In den letzten Tagen des Februar 1835, dieses für die Geschichte unsrer neuern schönen Literatur so stürmischen Jahres, war es, als ich einen Kreis von ältern und jüngern Kunstgenossen und Wahrheitsfreunden bei mir sahe. Wir wollten einen Autor feiern, der bei seiner Durchreise durch Frankfurt am Main nach Literatenart das Handwerk begrüßt und lange genug zurückgezogen gelebt hatte, um uns zu verbergen, daß er im Begriff war, Bücher herauszugeben, welche, ob sie gleich jüdischen Inhalts waren, dennoch von der evangelischen Kirchenzeitung kanonisiert werden sollten. Kurz vor Versammlung der Erwarteten erhielt ich aus Darmstadt ein Manuskript nebst einem Briefe, dessen wunderlicher und ängstlicher Inhalt mich reizte, in ersterem zu blättern.
[...]
Dieser Brief [Büchner an Gutzkow, Darmstadt, Ende Februar 1835], den ich abdrucke, um gleich ein Bild von der Aufregung des Charakters zu geben, dessen Erinnerung wir feiern, den ich auch, unbekümmert um seine noch lebenden, vermögli-

chen Eltern, abdrucke, weil wir die kleine Affektation und das *unmotivierte* Elend darin bald erklären werden, reizte mich, augenblicklich das Manuskript zu lesen. Es war ein Drama: *Dantons Tod.* Man sahe es der Produktion an, mit welcher Eile sie hingeworfen war. Es war ein zufällig ergriffener Stoff, dessen künstlerische Durchführung der Dichter abgehetzt hatte. Die Szenen, die Worte folgten sich rapid und stürmend. Es war die ängstliche Sprache eines Verfolgten, der schnell noch etwas abzumachen und dann sein Heil in der Flucht zu suchen hat. Allein diese Hast hinderte den Genius nicht, seine außerordentliche Begabung in kurzen scharfen Umrissen schnell, im Fluge, an die Wand zu schreiben. Alles, was in dem lose angelegten Drama als Motiv und Ausmalung gelten sollte, war aus Charakter und Talent zusammengesetzt. Jenes ließ diesem keine Zeit, sich breit und behaglich zu entwickeln; dieses aber auch jenem nicht, nur bloß Gesinnungen und Extravaganzen hinzuzeichnen, ohne wenigstens eine in der Eile versuchte Abrundung der Situationen und namentlich der aus der köstlichsten Stahlquelle der Natur fließenden krystallhellen und muntern Worte. *Dantons Tod* ist im Druck erschienen. Die ersten Szenen, die ich gelesen, sicherten ihm die gefällige, freundliche Teilnahme jenes Buchhändlers noch an dem bezeichneten Abend selbst. Die Vorlesung einer Auswahl davon, obschon von diesem oder jenem mit der Be[m]erkung, dies oder das stände im Thiers, unterbrochen, erregte Bewunderung vor dem Talent des jugendlichen Verfassers.

Kaum hatte *Georg Büchner* ein Resultat, so erfuhren wir, daß er auf dem Wege nach Straßburg war. Ein Steckbrief im Frankfurter Journal folgte ihm auf der Ferse. Er hatte in Darmstadt, vor seiner Familie sogar, verborgen gelebt, weil er jeden Augenblick fürchten mußte, in eine Untersuchung gezogen zu werden. Er war in jene unglückseligen politischen Wirrnisse verwickelt, welche die Ruhe so vieler Familien untergraben, so vielen Vätern ihre Söhne und Frauen ihre Gatten genommen haben. Ob ihn Verdacht oder eine vorliegende Beschuldigung verfolgte, weiß ich nicht; man versicherte, daß er den Frankfurter Vorfällen nicht fremd gewesen. Vielleicht hatten ihn auch nur seine in *Straßburg* früher fortgeführten Studien verdächtig gemacht.

Jedenfalls ergab sich, daß Büchner die Partie der Flucht *gern* ergriff. Er war mit einer jungen Dame in Straßburg versprochen; das Exil, für Andre eine Plage, war Wohltat für ihn. Er gestand mir ein, daß er die Teilnahme seiner (wahrscheinlich loyalen) Eltern durch seine tollkühnen Schritte auf eine harte Probe stelle, und daß er nicht den Mut hätte, diese abzuwarten. Dies spornte ihn an, sich selbst einen Weg zur bürgerlichen Existenz zu bahnen und von seinen Gaben die möglichen Vorteile zu ziehen. Daher das verzweifelnde Begleitungsschreiben des Danton: daher das Pistol und die unschuldige Banditenphrase: la bourse ou la vie!

[…] Ich hatte indessen große Mühe mit seinem *Danton.* Ich hatte vergessen, daß solche Dinge, wie sie Büchner dort hingeworfen, solche Ausdrücke sogar, die er sich erlaubte, heute nicht gedruckt werden dürfen. Es tobte eine wilde Sanscülottenlust in der Dichtung; die Erklärung der Menschenrechte wandelte darin auf und ab, nackt und nur mit Rosen bekränzt. Die Idee, die das Ganze zusammenhielt, war die rote Mütze. Büchner studierte Medizin. Seine Phantasie spielte mit dem Elend der Menschen, in welches sie durch Krankheiten geraten; ja die Krankheiten des Leichtsinns mußten ihm zur Folie seines Witzes dienen. Die dichterische Flora des Buches bestand aus ächten Feld- und Quecksilberblumen. Jene streute seine Phantasie, diese seine übermütige Satyre. Als ich nun, um dem Zensor nicht die Lust des Streichens zu gönnen, selbst den Rotstift ergriff, und die wuchernde Demokratie der Dichtung mit der Schere der Vorzensur beschnitt, fühlt' ich wohl, wie grade der Abfall des Buches, der unsern Sitten und unsern Verhältnissen geopfert werden mußte, der beste, nämlich der individuellste, der eigentümlichste Teil des Ganzen war. Lange zweideutige Dialoge in den Volksszenen, die von Witz und Gedankenfülle sprudelten, mußten zurückbleiben. Die Spitzen der Wortspiele mußten abgestumpft werden oder durch aushelfende dumme Redensarten, die ich hinzusetzte, krumm gebogen. Der *ächte Danton* von Büchner ist *nicht* erschienen. Was davon herauskam ist ein notdürftiger Rest, die Ruine einer Verwüstung, die mich Überwindung genug gekostet hat. […]

[…] Der wilde Geist in diesem Briefe [Büchner an Gutzkow, Straßburg, März 1835] ist die Nachgeburt Dantons. Der junge

Dichter […] verbraucht noch die letzten Reste auf seiner Farbenpalette, mit welcher er […] die „dramatischen Bilder aus Frankreichs Schreckensherrschaft“ gemalt hatte. Der Ausdruck ist ihm wichtiger als die Sache. Die revolutionäre Phraseologie reißt ihn hin, für sie nach idealen Unterlagen zu suchen. Er wird bald andere Ansichten haben und sich von jener Unruhe befreien, die man besonders dann spürt, wenn man eben vom Reisewagen absteigt. Der Puls schlägt öfter in der Minute, als man Gedanken für jeden Schlag hat. G. Büchner hörte bald auf, von gewaltsamen Umwälzungen zu träumen. Die zunehmende materielle Wohlfahrt der Völker schien ihm auch die Revolution zu verschieben. Je mehr jene zunimmt, desto mehr schwindet ihm eine Aussicht auf diese. Wir geben die Erinnerung an ein *Kind unsrer Zeit* und halten die Geständnisse *G. Büchners*, der, obschon deutscher Flüchtling, sich *nicht* der jeune Allemagne in der Schweiz, sondern der vieille Allemagne der Leibnitz, Wolf und Kant anschloß, für einen Beitrag zur modernen Kulturgeschichte.

[…]

Material 7

Georg Lukács: Fortschritt und Reaktion in der deutschen Literatur (1945)
[in: Georg Lukács: Skizze einer Geschichte der neueren deutschen Literatur, Berlin 1953, S. 65 f.]

Der ungarische Philosoph, Literaturwissenschaftler und -kritiker Georg Lukács stellte Mitte des 20. Jahrhunderts vor allem Büchners einzigartige Stellung vor dem Hintergrund seiner Zeitgenossen klar und würdigte insbesondere dessen Realismus. Vgl. Material 5 für eine weitere Rezension des Dramas.

In den dreißiger Jahren [des 19. Jahrhunderts] gibt es nur einen, in seinem kurzen Leben literarisch mächtigen, meteorartig auftauchenden und verschwindenden Schriftsteller, der wirklich auf der Höhe der Epoche stand: Georg Büchner. Sein „Dantons Tod“ ist nicht nur das bedeutendste Drama der Zeit, sondern der einzige große Schritt, den die deutsche Dramatik seit Goethe und Schiller getan hat. Bei ihnen ist das moderne historische Drama entstanden. Büchners Realismus geht jedoch über das ihrige hinaus. Der Verzicht auf Schönheit – das Heraustreten aus der „Kunstperiode" –, das entschiedenere Shakespearisieren ist nur die äußerliche Seite; Büchner gelingt es vor allem, in der tragischen Gegenüberstellung Dantons und der Revolution all ihre Größe, ihre Schwächen und Begrenztheiten rein dramatisch zu gestalten, in Charaktere und Situationen umzusetzen. Von der sozialen bis zur weltanschaulichen Problematik der größten demokratischen Revolution ist hier alles in Handlung gegossen. Büchner, der diese Fragen in ihrer ganzen theoretischen und praktischen Tragweite in der kurzen Zeit seiner illegalen hessischen Propaganda erlebte, hat das größte künstlerische Vorbereitungswerk zur Rüstung der deutschen Intelligenz in dieser Gärungszeit geschaffen. Es ist für die ideologische Entwicklung Deutschlands bezeichnend, daß dieses Drama und die anderen ebenfalls bedeutenden Werke Büchners sehr selten ihrem wahren Gehalt nach gewürdigt wurden, obwohl sie rasch bekannt wurden; die tiefschürfende Selbstkritik der demokratischen Revolution wurde sogar mehr als einmal direkt gegenrevolutionär gedeutet. Das Unverständnis für die kritische Tiefe Heines und Büchners ist ebenso ein Symptom der literarischen und politischen Unreife Deutschlands in der Vorbereitungszeit der demokratischen Revolution wie die Flachheit und Gehaltlosigkeit des „Jungen Deutschlands".

Material 8

Anne Peter: Verpennte Dantonisten lümmeln auf der Bühne [in: Berliner Morgenpost, 17. April 2010]

Am 16. April 2010 feierte unter der Regie Sebastian Baumgartens eine moderne Fassung des Dramas „Dantons Tod" am Berliner Gorki Theater Premiere. Die Reaktionen auf die modern experimentelle Inszenierung waren insgesamt durchwachsen.

Die Revolution frisst ihre Kinder – und spuckt sie wieder aus. Durch eine Tür in der Hinterwand stolpern gliederstockend sieben müde Zombies herein, das untote Personal, mit dem Sebastian Baumgarten am Maxim Gorki Theater „Dantons Tod" aufführen lässt. Im Zentrum jenes großen Polit-Panoramas, mit dem Georg Büchner die Französische Revolution im Stadium ihrer „Reorganisation" beschrieben hat, steht der eskalierende Konflikt zwischen Terror-Befürworter Robespierre und Danton, der die Beendigung des Blut-Vergießens fordert. Er und seine Gefährten enden auf dem Schafott.

Büchners Danton hat bekanntlich eine fatalistisch gefärbte Revolutionsmüdigkeit erfasst, weshalb Kostümbildnerin Tabea Braun den verpennten Dantonisten unter ihren Flatterhemden und Perücken Overall-Pyjamas verpasst hat. Dazu hat ihnen Thilo Reuter am linken Bühnenrand ein Lümmellager eingerichtet, wo sie sich bisweilen zum Nickerchen niederlegen. Vor düsterer Fototapete, die eine Behausung in einem Gassen-Verschlag evoziert, entfaltet sich so ein Flair zwischen Ferienlager und Kommune. Hier haben die großen Visionen und gräulichen Vorkommnisse nur als Jugendherbergs-Witz, als Kopf-ab-Spielchen und Pathos-Parodie überlebt. Die Guillotine ist das herunterklappende Metallbein einer umgekehrten Bierbank. Statt Blut fließt Wein. Alles ist zu bloßen Zeichen verkommen, deren realen Gegenwert keiner mehr fassen kann.

„Geht einmal euren Phrasen nach bis zu dem Punkt, wo sie verkörpert werden." Eben das haben diese Revolutionäre verlernt. Sie bekommen ihre Phrasen nicht mehr zu Ende, stottern bisweilen, werfen die Satzteile durcheinander. Geschweige denn, dass sie noch wüssten, was ihre Worte in letzter Konsequenz bedeuten. „Blickt um euch, das alles habt ihr gesprochen … Diese Elenden, ihre Henker und die Guillotine sind eure lebendig gewordnen Reden." Diese Büchner-Worte schallen am Ende bedeutungsvoll aus dem Off.

Bei Baumgarten ist die Revolution längst tot, er inszeniert nur noch das Reden darüber – „Talking about a revolution" nennt Anja Schneider als Radiosprecherin ihre Revolutions-Nachrichten, die in diesem multimedialen, anachronistisch-eklektischen Zeichenwirrwarr natürlich auch gesendet werden. Einmal mehr betätigt sich der Regisseur als ambitionierter Text-Zerstückler, der disparate Assoziationen auftürmt. Wenn die einstigen Verbündeten Robespierre und Danton aufeinandertreffen, wird daraus etwa eine Liebesfilm-Parodie mit

eingespielter Schnulzmusik. Und Anne Müller verabreicht den Genossen am Ende die Todespille, wie Corinna Harfouch es als Magda Goebbels in „Der Untergang“ tat.
Wenn Baumgarten Videobilder von heutigen Massenprotesten oder maschineller Brot-Vernichtung über zwei Bildschirme und die Hinterwand flimmern lässt, verweist er deutlich darauf, dass die Gründe, einen Aufstand zu proben, auch heute noch zahlreich sind. Doch haben wir uns im postrevolutionären Phlegma ebenso eingerichtet wie Danton. Von den realen Folgen unserer H&M-Einkäufe in den Herstellerländern sind wir mindestens so weit entfernt wie die Dantonisten von dem Blut, das sie mit herbeigeredet haben.
Das reichlich gebotene Entzifferungsfutter ist einerseits anregend. Auf die Dauer schlaucht es aber ganz schön, weil von der Bühne nicht immer jene Energie versprüht wird, die zu solcher Zuschau-Kopfarbeit motiviert. Wer erwartet, den Büchner-Text in Gänze und Ordnung präsentiert zu bekommen, wird sich sicherlich unfreiwillig in die Assoziations-Achterbahn geschnallt fühlen. Erschwerend kommt hinzu, dass Baumgarten die Schauspieler nur vage einzelnen Figuren zuordnet. Philipp Hauß bekommt dabei, als Gast vom Wiener Burgtheater, die größten Danton-Brocken ab. Und der ehemaligen Volksbühnen-Lichtgestalt Kathrin Angerer sind als schwarz gekleidetem Robespierre eindeutig scharfe Konturen gegönnt.
Im großen Monolog des mit sich selbst hadernden „Blutmessias“ presst sie die überzeugten Tugendsätze heraus, um dann plötzlich für die Selbstzweifel-Passagen ins Hauchige zu fallen. Bei ihrem ersten Auftritt entschlüpft Angerer einem Schlafsack wie einem Kokon, als werde ihr kompromissloser Tugendwächter erst durch die schlaffe Dekadenz der anderen zum Schmetterling – die Geburt des Extremismus aus dem Geiste des Matratzenlagers.

Material 9

Jacques-Louis David: DER TOD DES MARAT, 1793, Öl auf Leinwand, Musées Royaux des Beaux-Arts, Brüssel

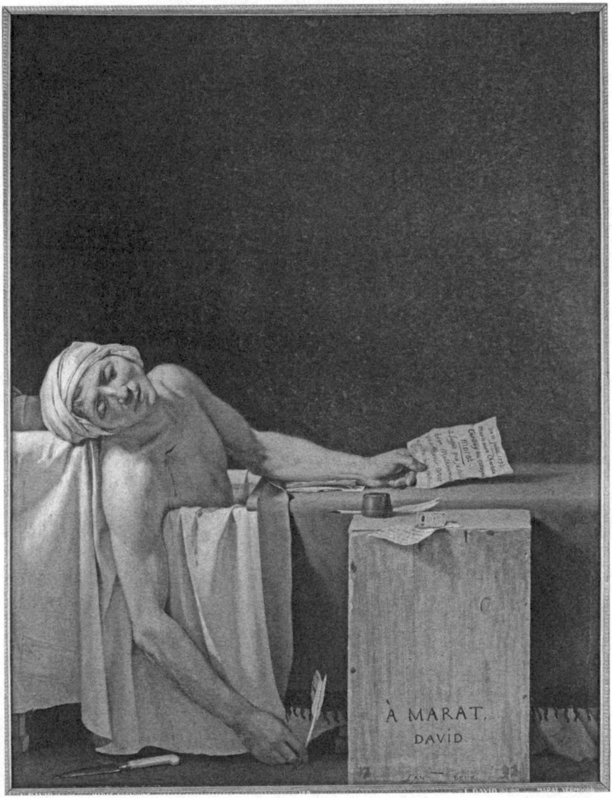

akg-images/André Held

Material 10

Die Guillotine von Paris, Holland um 1792, Kupferstich, Bibliotheque National, Paris

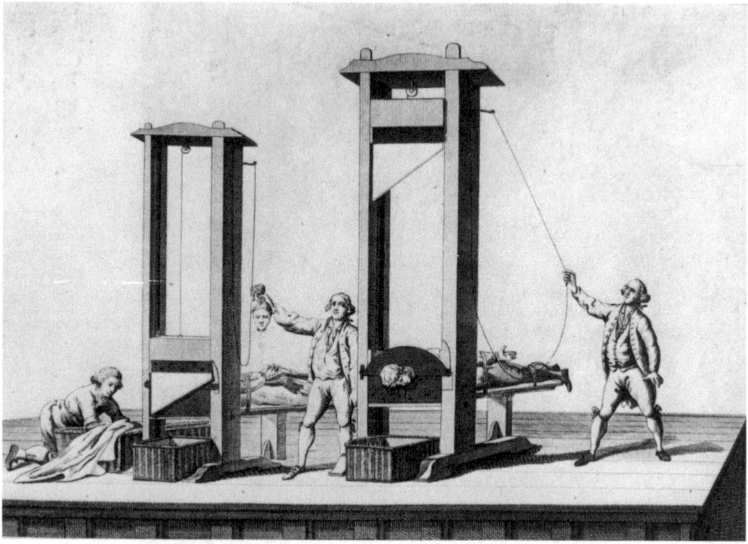

akg-images